梁带村里的墓葬

——一份公共考古学报告

主编

陈燮君
王炜林

北京大学出版社
PEKING UNIVERSITY PRESS

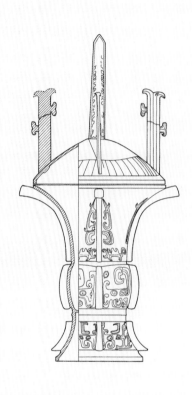

目 录

序

考古是大家都关心的话题。

考古同时也留给大家许多疑问。

后来，终于有了共识，公众所理解的"考古"和专家口中的"考古"不是一个"考古"。考古学家的"考古"和历史学家、文学家、社会学家所理解的"考古"也未必是同一个"考古"。

考古既是动词也是名词现在还可以当形容词。

考古既是过去的也是当下的甚至还是未来的。

我们需要一枚"子"来解开这个"局"。

于是，首先想到了"考古报告"。

考古报告里有一次考古发掘的缘起、过程和结果，有记录也有分析，有推理还有结论。它是一个完整的逻辑体系。考古报告的基本特征即准确、详实、客观，另外它还有"他者"未必熟悉的话语体系和专业术语，自然，大家反映考古报告不好读，不知从何下手去利用。

没法绕开考古报告。于是，唯一的选择是学会去读，不但要读出其中的过程和结果，还要学着体会冷冰冰的语言下潜伏着的草蛇灰线和蛛丝马迹，是的，考古报告里也有春秋笔法和微言大义。

我们认为"公众考古"应该是双向的，既是让公众和考古学家之外的学者理解"作为学术的考古"的逻辑和理路，也是以多元和开放的阐释来促进考古学本身的发展。

我们用的形式是最传统的"笺注"的模式。对象是韩城梁带村的芮国墓葬，基础是 M27 的简报，是最典型的考古学文本。但"笺注"和"论"的内容却很不传统，从名物到制度，从考古的过程到最终的结果，从历史、地理的宏观阐述到出土文物的微观分析，从梁带村到博物馆，从土地到人⋯⋯

配合这次在上海博物馆举办的展览，我们原来策划了两本"教育读物"，一本叫《梁带村里的墓葬——一份公共考古学报告》，另一本叫《博物馆里的梁带村——一个展览的研究》。一本立足"考古学"，另一本落脚在"博物馆学"。现在合在了一起，因为时间来不及，另外的确也不好分开。名字只留了前面那个，但"博物馆学"的内容还在。至于书的目标读者，则是所有对中国文化和中国感兴趣的人。

这么说是因为，我们觉得考古是有"温度"的学科，"敏感"和"好奇"才是支撑这个学科的基石。

是为序。

引

◎ 吕维敏

站在黄河岸边，黄土，黄河，背后是几近废弃的村舍。一片断垣残壁，间或留下几处院落、几堵砖墙，门额上写着"耕读"、"满园春"，屋檐是谨守规则的一斗三升，粗壮简朴的斗拱，撑起屋檐梁架，还是传承了近千年的模样。脚下踏着直落几十米的断崖，下一次黄河汛期来时，也许就将被冲入滚滚河流中，但那凶猛的河水现在只有浅浅的一道，留下大片黑色和黄色暴露的河床。(图1)黄河刚离开晋陕峡谷不久，河面不宽，可以看见对岸陆地的大致轮廓。那里是山西。离得太近了，收得到热情的手机运营商发来的跨省问候。

这里就是梁带村。

梁带村地属陕西省韩城市。"关中文物最韩城"，韩城市是第二批国家历史文化名城，历史悠久，人文遗迹荟萃，出过不少名人，也发生过许多历史事件。辖下有著名的龙门，传说是大禹治水之处，故又称"禹门口"；史书记载，周武王之子封于韩，食采邑于韩原，延嗣至春秋而为晋所灭；又传说，晋灵公时赵氏灭门，程婴舍子救赵武之地即在韩城，有"三义墓"祀之；而到了汉代，韩城出了一位对中华文明影响深远的人物——著名史学家、文学家司马迁。

这些是韩城人的骄傲，但和梁带村似乎关系不大。村民将自己的家族史追溯至元代的一位武德将军，据说这位将军姓梁，带兵一路打到这个地方，便驻扎下来建了城。村民们大多姓梁，自称都是将军的后裔。老村还残留着元代的夯土城垛，上面书着赫赫的三个大字：武德城。(图2)

梁带村依黄河而建，历史上恐怕也得过一些黄河改道"三十年河东三十年河西"之利。但近几十年，洪汛加之以水土流失，黄河西侵对梁带村的威胁越来越大，村东的河岸不断坍塌，大片土地已经溃塌到河道中。据说村中原有三座庙观，如今仅存一座"武德将军祠"而已。1984年起，村民开始自发向老村的西面和西北面迁移，后来当地政府组织了系统性的迁居，遂有了梁带新村。以城垛为界，东边是老村，西边是新村。如今，只有几家本来就在村西的人家还留在老村，大部分村民都已经搬入了屋舍俨然的新村。

但即便是新村也很寥落，新村宽敞的道路上偶尔有只狗悠闲走过。"空巢"问题困扰着各地的农村，这里也不能幸免。韩城市是重要的能源工业城市，北部连绵的山脉有丰富的矿藏，当地村庄以采矿为业发家致富，是陕西省经济发展比较快的地区。站在梁带村往北望，能看到晋陕峡谷隆起的山脊。但此处地势平坦，村民世代以务农为生，当地主要的农作物包括小麦、玉米、桃树和花椒等。2001

图1　梁带村北黄河冲蚀而成的冲沟

图2　新村与老村交界处的城垛

年韩城市将本地特产"韩城大红袍花椒"注册商标，向外推广，梁带村里花椒的种植面积也随之扩大，成为本村支柱产业之一，村边田头到处都能看到低矮的花椒树，虬曲黝黑的枝丫格外醒目。但小小的花椒不足以改变梁带村经济上比较落后的现状。村里的青壮年大多外出打工了，回来的很少，就像当地人说的，这里有钱也没用，"没处花"。其中，许多人落脚就在不远的韩城市区，那里各方面条件都好，一待稳定便将孩子带去城里读书，有的甚至将老人也带走。早几年村里老的老、小的小，现在连小孩儿都不剩几个。梁带村原有一个小学，就办在武德将军祠，周围几个村的孩子都在这里读书。现在大门紧闭，已经没有足够开课的学生了。

梁带村就是这样一座寻常的西北农村，有着全中国大部分农村都面临的发展困惑，默默地存在于黄河岸边。而也许正是它的寻常，更凸显出了梁带村芮国墓地遗址的不寻常。

2005年，梁带村突然变得喧闹。大墓戏剧性地被发现，随着大量青铜器、金器、玉器的出土，身处周戎之间、秦晋之交的神秘"芮国"跃入人们的视线。然后登台的是善于把握观众的兴奋点的媒体，把气氛营造得扑朔迷离，把故事讲得跌宕起伏，最后拱出金玉璀璨的稀世珍宝。这样的内容，好看且易懂，广大观众莫不啧啧赞叹，"这宝贝挖得好"！但，考古若只是"挖宝贝"，那当非与盗墓同流！可若不是"挖宝贝"，又是啥呢？这样的疑惑反映着大众（甚至考古围墙外的专家）对考古工作的疏离与误解，"金玉璀璨"既非考古的结果，更不是考古的过程，说不清楚，大家恐怕永远要误解考古。

谁来说清楚？

也许是参加发掘的考古学家，也许是利用和阅读考古报告的学者，也许是生于斯长于斯的村民，也许是博物馆里的策展人，也许是慕名而来的参观者……

为什么考古报告会略过那些故事？考古工作者的判断由何而来？为什么一件出土文物不好看还碎裂了，还被视若珍宝？同一个墓葬会给不同学科的学者带来如何不同的兴奋点？自家田地里的墓葬，又会对自家的生活带来怎样的影响呢？还有，规划图里的博物馆和梁带村……

以下，从一篇真正的、最典型的、最规范的考古报告开始（《陕西韩城梁带村遗址M27发掘简报》），我们试着打开考古的城门。

作者单位：上海博物馆

陕西韩城梁带村遗址
M27 发掘简报◎1

陕西省考古研究院
渭南市文物保护考古研究所
韩城市文物旅游局

说 明：

本文是对《陕西韩城梁带村遗址 M27 发掘简报》（《考古与文物》2007 年第 6 期）的释读。

本文由以下几个部分构成：

◎ 《简报》原文；

◎ 《简报》相关图片，包括考古现场照片、文物照片、文物线描图等，以阿拉伯数字编号；

◎ 对《简报》的释读，在《简报》相应位置以◉标记。释读所附说明性图片不编号；

◎ 对《简报》的论述（即本书的 9 篇论文：论 1 至论 9），在《简报》相应位置以論标记做引述。

为本文撰写《简报》释读的学者包括（以释读内容出现先后为序）：

◎ 北京大学考古文博学院教授 / 徐天进

◎ 陕西省考古研究院韩城考古队领队 / 孙秉君

◎ 清华大学美术学院教授 / 杭间

◎ 台北故宫博物院器物处助理研究员 / 蔡庆良

2005年5月经国家文物局批准，由陕西省考古研究所、渭南市文物保护考古研究所和韩城市文物旅游局联合组成的韩城考古队，开始对梁带村遗址[2]的3座带墓道的大型墓葬进行抢救性发掘[3]，发掘工作于2007年元月全部结束。其中M19发掘简报已刊于《考古与文物》2007年2期，现将M27[4]发掘收获简报于后。

一、墓葬位置及层位关系[5]

M27位于整个墓葬区的东部，东南距M28约10米，西距M26约3米(图1)[6]。叠压墓葬的地层分为3层，第①层为耕土层，厚约0.20米；第②层为现代层，厚约0.40～0.45米，土质松软，土色灰褐，被该层叠压的有H1[7]。H1为圆形锅底状，直径3.0米、深2.5米。坑内出土有石铲、戈、铁器以及西汉武帝五铢，同时坑内填满大量建筑垃圾，主要有战国时期的陶罐、盆、瓦等，H1打破第③层及H27。第③层为红色黏土层（红垆土层），厚约0.40～0.55米，土质纯净、密实，内含白色钙丝，未发现古代遗物，M27开口于该层下。

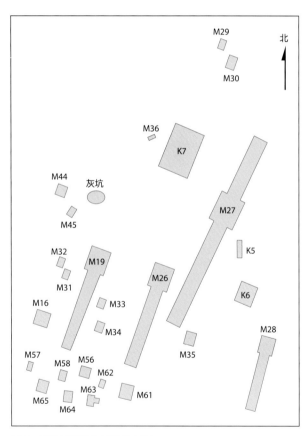

图1　梁带村墓葬分布图（局部）

◉ 1 考古报告与简报

考古报告是对田野考古调查和发掘所获材料进行系统整理和研究之后刊布的田野考古成果。任何一项考古工作，最后都必须用考古报告的形式予以公布。一部合格的考古报告，对所刊布的材料应该满足几项基本要求：客观性、准确性、系统性、完整性。

现在常见的考古报告有三种类型，即调查报告、发掘报告和发掘简报。前两种报告是指对调查和发掘材料全面、完整的刊布形式。如《梁带村芮国墓地——2007年度发掘报告》（文物出版社，2010年）。由于有的发掘项目规模比较大，周期长，或者材料多，不能在短时间内完成全部的整理和编写工作，为了及时公布新材料和新成果，往往采用简报的形式，以较短的篇幅，先对主要的成果内容进行报道。《陕西韩城梁带村遗址 M27 发掘简报》即属此类。（徐天进）

◉ 2 韩城梁带村

所有的考古研究都是在一个时空坐标系中进行的。不论是在哪里从事考古研究，首先都得对该区域的自然和人文地理有充分的了解。不同的自然环境会对一个区域文化的形成产生至关重要的影响。因此应该补充一些这方面的内容。（徐天进）

韩城市位于陕西省东部黄河西岸，关中盆地东北隅，介于东经 110°07′19″—110°37′24″，北纬 35°18′50″—35°52′08″ 之间，总面积 1621 平方公里，人口 35.8 万。韩城北靠宜川县，西依梁山与黄龙县接壤，南连合阳县，东隔黄河与山西的乡宁县、河津市、万荣县相望。境内发现了数以百计的古遗址、古墓葬、古建筑，从距今 5 万年前的禹门洞穴遗址，到新石器仰韶龙山时代的遗址、两周——秦汉遗存直至金元明清的古代建筑，古代文化遗

存相当丰富。韩城现有国家级重点文物保护单位 11 处，同时韩城是国务院公布的第二批国家级历史文化名城，伟大的史学家司马迁的故乡。

始建于明代晚期的梁带村，位于韩城市东北约 7 千米的黄河西岸，现保留有较完整的明清城墙，高约 7 米，周长约 2 千米，其东墙已被河水冲走，现存西、南、北三面，其中西墙有唯一的包砖城门。梁带村所处位置为黄河西岸的二级台地上，台地高出河床约 50 米，地势平坦，土地肥沃，雨量丰沛，自古以来便是人类生存发展的理想居处。（引自孙秉君《陕西韩城芮国大墓述略》，《芮国金玉选粹——陕西韩城春秋宝藏》，三秦出版社 2007 年）

論 梁带村大型墓地的发现，在我们认识中，进一步提升了韩城—龙门—黄河这个地区的历史地位。大禹、司马迁、龙门、黄河，现在又加上君侯墓地，这些要素彼此关联，共同构成了这一地理区位的非凡的历史。

——唐晓峰《韩城、龙门山与黄河》，本书第一四八页。

論 梁带村的"魂灵"不仅仅在西周，埋藏在地下的那个《尚书》和《诗经》里的世界，桃之夭夭的世界，也在这个不那样完美的当下，这里是中国，这才是金玉华年。

——陈曾路《博物馆里的"梁带村"——一个展览的研究》，本书第二〇二页。

梁带村卫星地图
① 黄河　② 梁带村芮国墓地遗址　③ 梁带村（老村）　④ 梁带村（新村）

◉3 抢救性发掘

目前的考古发掘根据目的的不同，可以分为两种，一种是以学术研究为目的的主动性发掘，一种是以抢救为目的的被动性发掘。

古代遗址和墓葬的发现，除了专业工作者通过田野调查和发掘的途径获得之外，还有相当的部分是籍由各种其他的原因而被发现的。其中大规模的基本建设工程和盗掘活动对地下埋藏遗址的破坏尤其严重。按《中华人民共和国文物保护法》的规定，所有的工程建设必须在施工之前由考古部门进行考古勘探，首先要确认建设用地是否有遗址，再根据遗址本身的重要程度确定是否发掘或改变建设方案。只有经文物考古部门勘探、发掘之后，方能开始施工。虽然法律有明确的规定，但我们还是经常可以看到因为无视文化遗产保护，肆意破坏遗址的报道。

自上世纪80年代以来，随着市场经济的发展，人们物质生活水平的提高，艺术品收藏亦成为一种生活风尚。各地纷纷开业的古玩城以及此起彼伏的艺术品拍卖会和电视台热播的鉴宝类节目，燃起了许多人对收藏或投资古代艺术品的愿望。这股收藏的热浪席卷全国，客观上对新的盗掘活动起到了刺激作用。虽然以获取财富

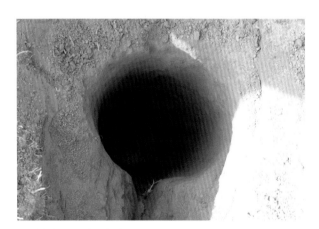

梁带村遗址现场发现的盗洞

为目的的盗掘之事自古有之，但近二、三十年间所发生的盗掘活动之猖獗，对文化遗产的破坏之严重，可能是前所未有的。我们的文化遗产保护正面临着严峻的考验。

现在各省、市、自治区的考古部门把大部分的精力和时间都用在配合基本建设工程的抢救性发掘上面，同时，面对日益猖獗的盗掘活动，针对一些暂时无条件保护的遗址或墓葬，也必须进行抢救性发掘。梁带村墓地的发掘即属于面临被盗掘的危险而进行的抢救性发掘。

不论是哪种发掘，都须严格遵守《文物法》的相关规定。需要履行一系列的报批手续，经国家文物局批准之后才能进行。（徐天进）

抢救性发掘主要针对遗址、墓地等文化遗产因为基本建设或人为盗掘而遭到破坏的情况，进行及时的考古发掘或保护。根据正常的申报流程，考古发掘需要获得国家文物局批准，层层申报，需要的时间比较漫长。在文化遗产已经遭到破坏的情况下，就很难及时应对。鉴于这一点，国家的文物法规就规定了这么一种情形：在它即将遭受破坏的情况下，经过省一级的文物主管部门批准以后，可以立即将被破坏的文化遗产进行及时的保护和发掘，之后再补办发掘的手续。这种抢救性发掘就充分体现了时效性，将文化遗产遭受破坏的可能降到最低。（孙秉君）

◉4 遗迹编号

考古发掘过程中会发现各种不同的遗迹，比如房址、灰坑、陶窑、墓葬、道路、水井、城墙、壕沟等，为了发掘期间的有效管理和后续的室内整理、研究的需要，考古工作者需要对这些不同功能的遗迹进行统一编号、记录。我国的考古学界通常采用遗迹名称首字拼音的声母作为同类遗迹的代码，如：房址用F、灰坑

用 H、墓葬用 M 表示……在同类遗迹中，则依发现的先后顺序用阿拉伯数字依次编号。同一遗址、同一类型的遗迹不能重复编号，如同人的身份证号码一样。这里的 M27 表示该墓地的第 27 号墓葬。通常的编号在遗迹代码之前还会有发掘的年度和遗址的名称缩写，比如 2005LM27，这里 L 表示梁带村。该墓葬出土的每一件器物还有一个顺序号码，用阿拉伯数字后缀在墓号之后，如 M27:1、2、3……（徐天进）

◉5 墓葬位置和层位关系

简报的第一节首先是对墓葬的位置和层位关系做了十分简要的介绍。不同的墓在墓地中的位置或和其他墓葬的相对位置的确定，对了解墓地的布局结构、性质和墓主人身份的认定等都有重要的作用。这是因为中国有着长久的"聚族而葬"的传统。

依据文献的记载，当时的葬俗多以血缘关系为纽带，采用聚族而葬的形式，也叫"族坟墓"。墓地又可以分为"公墓"和"邦墓"两种，前者是以王室、国君为主的贵族墓地，后者则是普通百姓的墓地（这种传统在今天还有孑遗）。两种墓都有专门的管理人，分别是"冢人"和"墓大夫"。对死者的墓位安排也有严格的规定。在讨论两周时期的墓地性质时，常被引用的文献是《周礼·春官·冢人》的一段记录："冢人，掌公墓之地，辨其兆域而为之图，先王之葬居中，以昭穆为左右，凡诸侯居左右以前，卿大夫士居后，各以其族。"今天，我们实际发掘过的两周时期的墓地比较接近文献记载的"公墓"有：北京房山琉璃河的燕侯墓地、河南三门峡的虢国墓地、山西天马—曲村遗址的晋侯墓地、甘肃礼县大堡子山遗址的秦公墓地。我们从简报所附的墓葬分布图上可以看到，以 M27 为主的芮公及其夫人的墓并没有完全独立的兆域（陵园），其间尚有若干中小型的墓葬。这种墓地的布局和河南浚县辛村的卫国墓地接近，即贵族墓葬相对比较集中，但也掺杂了部分中小型的墓葬。虽然当时可能有明确的制度性规定，但是否严格按制度行事则另当别论了。

从墓葬分布图上我们可以看到 M27 的西南侧紧邻 M26，西北侧则有 K7（车马坑）。这样的埋葬方式与晋侯墓地中晋侯及夫人的异穴合葬方式完全相同，只是车马坑所埋的位置稍异，一在主墓之西，一在主墓之东。关于墓主人身份的认定我们在后面再讨论。

所谓"层位关系"是考古学中常用的一个术语。"地层学"是考古学的基本方法论之一，由地质学中的地层学发展而来。地质学家从较早的时候就开始通过观察自然界中岩层或土层的变化，比较不同层位的岩性和包含的生物化石，从而研究地壳从早到晚的形成过程。考古学则通过对遗址堆积的层位观察，根据土质、土色及包含物的变化，研究遗址的形成过程。"层位关系"即指各堆积之间存在的直接或间接的联系。在具体表述层位关系时，常用"叠压"和"打破"的概念。"叠压"是指晚期的层状堆积和早期堆积的重叠，如《简报》中所介绍的三层堆积。"打破"关系则指坑状的遗迹对早期地层或遗迹的破坏，如《简报》中 H1（灰坑）打破第 3 层和 M27（简报为"H27"，可能有误）。

"层位关系"反映了相关遗迹形成过程的相对时间顺序，不论是叠压还是打破关系，只能是晚期的堆积（遗迹）叠压或打破早期的堆积（遗迹），而不可能颠倒。这是地层学的一条基本原则。据此原则，我们可以把《简报》中介绍的层位依从晚到早的顺序排列如下：第 1 层——第 2 层——H1——第 3 层——M27——生土层（未经人工扰动过的自然地层）。

依据"层位关系"，我们可以确定遗址各堆积间的相对早晚关系，但无法对其绝对年代做出判断，即不能

确定堆积形成的间隔时间。这就需要通过对各堆积中的包含物（主要是指人工遗物）的分析或理化测年的方式来获取更准确的年代信息。在判断地层或遗迹的年代时，须遵守两项基本原则：(1) 各层（或墓）所含年代最晚的一件遗物，是代表该层（或该墓）可能的最早年代；(2) 各层（或各墓）的年代，可以以该层所压或被压的上下层的年代分别作为它的上限和下限。（《中国大百科全书·考古学》）（徐天进）

◉ 6 同茔异穴

根据墓葬排列的平面图，它和 M26、M19，是并排埋葬的。按照考古学上现在研究的基本情况来看，成排埋葬多是夫妻合葬，准确的说是"同茔异穴"：同一个陵园，不同墓坑，各埋各的。不像后期合葬，夫妻埋在一起，不是同一个棺但是在同一个墓里。M26 离 M27 最近，相距大约 3 米，出土器物也相当丰富，数量也很大，出土有五鼎。按照当时制度比她的丈夫要降一级，所以这个很有可能是夫人墓，M19 就是次夫人墓。另外这个墓葬里出土的器物显示她可能来自于姜姓国，而且国力强于芮国。M26 随葬品玉器量非常大，光组玉佩就有一二十套，且十分精美，还出土了一枚传世玉猪龙。

更让人啧啧称奇的是，M26 的列鼎比 M27 的列鼎体量还要大，铸造更精美。这种情况非常罕见。（孙秉君）

◉ 7 灰坑

发掘进行到 6 月 5 日时，发现了灰坑 H1。到 6 月 14 日，因为灰坑部分出现不同的土色、土质，一度认为灰坑已经清理完毕。但当其他部分的清理同样进行到这一层面时，发现灰坑范围内土色、土质和周围土层仍然有所区别，由此可以判定还没有取到灰坑的底部。最后在 6 月 21 日时，才将 H1 清理完毕。考古过程中经常会出现这种需要对出土迹象做重新判定的情况。

非常值得一提的是这个灰坑的位置。H1 压在 M27 椁室上方，直径 3.0 米、深 2.5 米，距椁室的东边仅 1.1 米，恰巧给 M27 作了很好的"掩护"。我们在发掘中注意到几处洛阳铲留下的痕迹。盗墓贼已经注意到了这个地点，但一铲下去，打到的却是灰坑，而且这个灰坑还很深！这种情况麻痹了这些盗墓贼，保下了这座大墓。更神奇的是，H1 叠压在 M27 椁室上，还发生了打破关系，但却完全没有伤到椁顶板，椁室完好无损。由于 H1 中出土了西汉的五铢钱，因此可知这个灰坑的形成年代相当的早。（孙秉君）

M26 椁室全景（由东向西摄）

M26 玉器出土状况特写

二、墓葬概况

（一）墓葬形制

M27 是截至目前梁带村遗址唯一发现的带有南北两条墓道的长方形竖穴土坑墓[8]（图2），北墓道 35°。墓道和墓室均有较大收分，口大底小。两条墓道均为斜坡状，南墓道口长为 33.8 米、宽 4.2～4.6 米。在南墓道的底面上有东西向的间距不等的不规则凹槽五道，内有朽木残迹，估计为下棺椁时临时所挖，起到减速作用。北墓道较陡，长 17.8 米、宽 3.85～4.20 米。墓室口长 9.3 米、宽 7.1 米；墓底长 7.5 米、宽 4.98 米，墓底距地表深 13.2 米。

M27 墓室与墓道均为五花填土[9]，其堆积层次基本相同，且经夯打，密实度一般，未见明显的夯窝，夯层厚 0.15～0.20 米。在墓室上部的填土中，出土玉器 19 件，多为残圭、戈，玉质较差。[10] 玉器附近未发现任何迹象，推测可能是下葬时与祭祀有关。

墓底四周有熟土二层台，高 2.55 米，二层台东宽 0.40 米、北宽 0.43 米、西宽 0.27～0.33 米、南宽 0.75～0.85 米。二层台面有层青灰色的踩踏面。

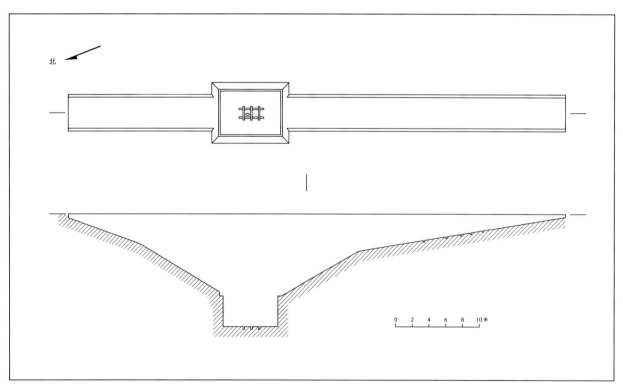

图2　M27 平、剖面图

● 8　墓道与墓葬规格

两周时期的墓葬均为竖穴土坑墓。依平面的形状不同大致可以分为四种：长方形、"甲"字形（带一条墓道）、"中"字形（带两条墓道）和"十"字形（带四条墓道）。其中墓道的多少和墓主人的等级身份有密切的关系。

就目前已有的发现而言，四条墓道的"十"字形墓葬当为王一级的墓葬，如商代后期河南安阳殷墟西北岗发现的商代王陵。西周时期四条墓道的大墓在陕西岐山的周公庙遗址发现多座，发掘了其中的一座，由于被盗严重，缺少判断墓主人身份的直接证据，尚不能断定其墓主是周王还是周公家族中的某一位，可以肯定的是其地位要比诸侯国的国君高一级。"中"字形和"甲"字形的墓葬则为诸侯国国君及其夫人的墓葬，同类墓葬已经发掘的有晋侯及其夫人墓、卫侯墓、秦公墓、井叔墓等。长方形的墓葬则多为一般贵族或平民的墓葬。该简报所报告的 M27 为"中"字形大墓，从墓葬形制上就可判断墓主人属诸侯国国君的级别。旁侧的 M26、M19 则当属其夫人墓。2007 年发掘了 M28，发掘者根据其随葬品的特征，认为墓主人是晚于 M27 的另一代芮国国君。

（参考《梁带村芮国墓地——2007 年度发掘报告》，文物出版社，2010 年）（徐天进）

M27 是梁带村墓地所发掘的 1300 多座墓葬中间唯一的一座有两条墓道的大墓。所谓的"长方形竖穴土坑墓"，就是指墓穴的平面形状呈长方形，而向下挖掘而成就是竖穴，也就是我们平时所说类似长方体的这么一种形态。考古一般在发掘以前就会进行勘探，以确定它的范围、形状和墓葬的深度，这些基本的数据在勘探时期都已经调查清楚了，所以发掘的时候就比较有的放矢。

根据目前国内对两周时期的墓葬资料累积情况来看，大体可以认为：这一时期带有墓道的规模比较大的墓葬，墓主人的身份基本上都是诸侯或诸侯夫人。而两条墓道和一条墓道的差异，目前还不十分明确。这座墓葬带有两条墓道，一是墓葬的规模特别巨大，第二从后期发掘出土的情况看，这个墓葬的随葬品十分丰富，或许也可以反映出 27 号大墓的墓主人生前在芮国先后几代国君的排序中间，是处于中心位置的一个国君，他可能在当时最为显赫。从随葬品的情况来看就比较清楚：随葬品中包含很多传世品，还有大量的青铜礼乐器，都反映了 27 号大墓的墓主人显赫的地位。这一点从出土铭文上也有所反映，铭文上是写"芮公"，说明他的级别是公侯级，是最高的等级。另外从他夫人 26 号墓的出土铭文来看，上面写有"桓公"的字样，很可能 27 号墓的墓主人就是芮桓公。从"桓"的字义上来解读的话，"桓"有开疆辟土的意思。历史上很多有"桓"字谥号的国君都对国家有重大的贡献，27 号大墓的主人很可能也是这么一种情况。（孙秉君）

仲姜簋器盖内铭文有"桓公"字样

◉9　五花土

"五花土"是中国考古常用的一个约定俗成的术语，是指多种不同颜色的土相互混杂的填埋土。竖穴墓的深者可达二十余米，浅者数十厘米。不论深浅，都要破坏原有的地层。而原有的地层则往往是由不同土色的地层累积起来的，所以，当挖造墓穴时便会挖穿数层不同颜色的土，下葬后，把这些混合土重新回填坑中，不同层、不同色的土自然就会混杂在一起，而呈现出一种"五花"的状态。梁带村墓地所在的地方属黄土地带，自然的黄土堆积很厚，在和墓穴深度相当的范围之内，至少偏红色和黄色两层不同的土，所以，填土就不再是纯净的生土。在发掘过程中，当清理到墓口时墓穴范围内的土色和周边原生地层的土色就会有明显的差别，据此考古工作者可以比较容易地判定墓葬的范围和形状。此外，为防止松软的填土日久下陷，往往在填埋过程中还会逐层夯打。

考古调查和钻探时，"五花土"是寻找古代墓葬最好的线索之一。（徐天进）

◉10　填土层中出土的遗物

M27 中最早发现的遗物是填土层中的 5 件玉圭，1 件玉璧，均已残。这几件玉器的出土位置记录为：距该墓西北角 2.8×1.8－0.85 处出土，即以墓室西北角为基点，向南 2.8 米，向东 1.8 米，深 0.85 米处。出土位置是埋葬状况和器物关系研究中非常重要的信息。

填土层中发现遗物，是这一时期墓葬中常见的现象，只不过有数量、种类之分。周代很多墓葬的填土层中都发现有石器，有些还出土有动物的骨骼，甚至整条鱼。据此推断，这个现象很可能和当时的一些祭祀活动有关系。中国古代典籍里记载了墓葬下葬过程中多种多样的祭祀活动，我们对这些仪式的具体细节还无法深究。M27 填土中发现的都是玉器，由此也多少可以说明墓主人的身份之高。这些随葬玉圭、玉戈都是残件。在以前发现的一些墓葬中，打碎的玉器残件甚至还可以重新拼合。（孙秉君）

这是一份前期钻探的记录。考古工作人员借由钻探获得的泥土了解不同深度的土层情况，对此处是否有墓葬及墓葬的具体埋藏情况作出前期判断。

为 M27 搭建保护雨棚

（二）葬具

M27 葬具为一椁两棺[11]。椁室由顶板、侧板、挡板和底板构成，南北长 5.70 米、东西宽 4.30 米、高 2.55 米、厚 0.12 米。由于腐朽严重，侧板与挡板的连接方式已无法辨识。

22 块椁盖板为东西向横铺，盖板长 4.40～4.45 米、宽 0.17～0.30 米（图3）。四周侧板现存 9 层，其中东西两侧板长 5.70 米、宽 0.20～0.30 米；南北两端侧板长 4.20 米、宽 0.21～0.30 米。椁室底板由 18 块组成，长 5.80～5.95 米，均长出南北两端侧板 0.10～0.25 米不等，宽 0.08～0.25 米，板上铺席。在底板的下面东西向放置两根垫木（图4）。

外棺南北方向放于椁内中心，长 2.83 米、宽 1.48 米，棺侧板板厚约 0.10 米、残高 0.50 米。外棺盖板为南北向纵铺，由于塌陷内外盖板混在一起，板宽厚及块数难以分清（图5）。内外盖板上有棕色、朱色漆皮。在外棺的外侧和板下有用绳结成方格状的棺束[12]，南北向 7 道，东西向 9 道，绳粗 3～4 厘米。侧板外有似丝绢的棺罩三层，其上有黄色和棕红色彩条状水波纹图案和菱形图案（图6）。外棺的底板 6 块，长 2.83 米、板宽 0.15～0.25 米。

内棺长 2.44 米、宽 1.10 米。盖板为南北向纵铺，其上有数层织物，有黄色和褐色布纹。侧板厚 0.10 米，由 6 块木板组成的底板上有棕色的漆皮及朱砂，板宽 0.15～0.20 米；板下亦有棺束痕迹 9 组，绳纹粗 3 厘米。人骨已朽为粉状，从朽痕看为仰身直肢葬，头北脚南，面向上，身高约为 1.76 米，依随葬器物和骨痕判断应是男性[13]。

图 3　M27 椁室盖板遗痕

M27 内棺打开后椁室全景（由北向南摄）

M27 内棺外绳印

◉ 11　棺椁制度

"M27 葬具为一椁两棺"。两周时期的墓葬所用葬具分棺、椁两种，外为椁，内称棺。关于棺椁的使用，先秦时期的文献中多有记载，如《荀子·礼论》："天子棺椁十重，诸侯五重，大夫三重，士再重。"《庄子·杂篇·天下》："天子棺椁七重，诸侯五重，大夫三重，士再重"。根据考古发现的实际情况推测，所谓的"士再重"是指一棺一椁，"大夫三重"是指两棺一椁。若按文献记载的规定，M27 该有四棺一椁或三棺两椁，但迄今所发现的相同等级的墓葬中并没有五重棺椁的实例，所以，文献所载并不能全都采信。

至迟从商代开始，高等级贵族墓葬中的葬具开始有髹漆，M27 的两重棺上都有髹漆。此传统也一直延续至今。（徐天进）

M27 墓葬里的葬具主要是一椁两棺，均为木制。椁在棺外，椁实际上也是棺。椁室由顶板、侧板、挡板和底板构成。就像一个长方体的木屋，包括一个底面，有四壁，还有顶面，这六个面才能构成一个长方体。首先挖一个长方形的竖穴墓坑，在方坑的底部铺一层底板，然后沿四个侧面向上累砌方木，类似于我们今天火车道上的枕木。砌起来以后，在这个"屋子"里面放入棺。大棺套小棺。这个时期的墓葬采用两棺的情况是很普遍的，之后发掘的六座墓葬的情况也基本相同。（孙秉君）

◉ 12　棺束

根据现在考古发现的迹象，在下葬的过程中，棺外缚有由麻绳制成的粗壮绳索，这就是"棺束"。对 M27 留下的棺束痕迹进行清理，可以发现南北向有 7 道，东西向有 9 道，绳子粗细为 3～4 厘米。棺是很重的，除了本身的重量，还有墓主人的遗体和随葬的其他器物。棺束纵横交错结成一张网，目的是就是要将内外两重棺提起来，下葬时放到墓室底板之上。这个发现对我们今后进一步研究两周葬仪是重要的资料积累。（孙秉君）

图 4 M27 椁室底板遗痕

图 5 清理 M27 椁室盖板

图 6 M27 棺罩上菱形图案的遗痕

M27 青铜器及金、玉器出土状况（由东向西摄）

⦿ 13　墓主信息

　　墓葬发掘之后，除了要弄明白墓葬的年代之外，还有很重要的一点是要尽可能确定墓主人的身份。

　　首先要鉴定的是性别、年龄，还有骨骼病理及创伤等有关体质人类学方面的内容，这些多由体质人类学方面的专家来完成，近来随着遗传生物学的发展，人骨DNA的检测分析工作也在开展中。

　　《简报》对 M27 墓主人的描述："人骨已朽为粉状，从朽痕看为仰身直肢葬，头北脚南，面向上，身高约为 1.76 米，依随葬器物和骨痕判断，应是男性"。

　　这里所谓的随葬器物是指男性专属的一些特殊器用。就 M27 而言，最重要的是兵器（有青铜钺 1 件、戈 5 件、矛 1 件、镞 29 件，金鞘玉剑也可归属此类）和钟、磬等乐器。大量的考古材料已经证明，只有男性的墓葬才有兵器随葬（安阳殷墟的妇好墓属于特例），而在两周时期，随葬成套乐器的墓葬，其主人均属诸侯国国君或相同级别的贵族，夫人的墓葬完全不用乐器随葬。因此，在这种情况下即使没有人骨的鉴定，也可以有比较充足的理由认定墓主人的性别。另外，1.76 米的身高也是推测其为男性的一个重要

M27 内棺揭露

参考。2007年度同墓地的发掘曾采集部分人骨进行鉴定，其中3例男性身高的平均值是162.7厘米，2例女性的身高平均值是153.7厘米。虽然统计的数量有些少，但从以往的发现来看，的确男性比女性明显要高一些。

墓主社会身份的确定则必须依靠随葬品所能提供的线索。最有效和直接的证据就是有标明墓主身份的器物，比如成组的带铭铜器。M27共随葬24件铜器礼器，其中只有一套簋有铭文："芮公作为旅簋"，作器者当为某位芮国的国君——芮公。但作器者是否就是墓主还不好直接肯定。因为在当时贵族之间的相互馈赠（赗赙）、因功受赏或婚姻嫁娶等多种原因都会造成器物的流通，因此，在一座墓中随葬多位不同作器者所作铜器的实例也不鲜见。究竟哪些铜器是墓主人所原有的？即哪位作器者才是墓主人？要解决这样的问题还得综合考虑其他的因素，如墓葬的形制和规模，其他随葬品的组合等内容。墓葬的形制、规模及礼器的数量和组合是与墓主人的身份密切相关的，M27的墓葬形制及随葬品的内容完全符合芮国国君的标准，而该墓出土的簋上又有"芮公作为旅簋"的铭文，因此，将此"芮公"认作墓主是有充足理由的。（徐天进）

考古学发掘一座墓，最终是要断定几个基本情况，需要回答几个问题。首先就包括：墓主人是谁，性别年龄如何，身份等级如何，生前叫什么名字，谥号是什么？文字的表达最准确，如青铜器上有铭文："芮公作为旅簋"，我们就能很清楚地知道墓主是一位芮公。至于族属的判定，我们判定他是姬姓的。当时有很多姓，比较大宗的是姬姓，是国姓。现在发现的姬姓墓葬一般为南北向，头朝北、脚朝南，正北或是略偏东北，这点和梁带村墓地相符，通过这一点我们基本判定墓主是姬姓的。结合文献记载，芮国是姬姓，从而确定是姬姓的诸侯，即芮公。具体年代应是春秋早期。我们不能提供一个绝对准确的时间，除非铭文上有记载。即使是有陶器，我们也不能精确到某一年，一般只能精确到几十年。

从骨骼着手判断墓主的性别、年龄是最为直接的，可以根据墓主的骨骼和牙齿的磨损程度，根据颅骨、股骨的愈合程度也能进行一些判断。遗体保存得好，还能判断墓主的死因，可以从骨骼上的伤痕看出墓主有没有受过外伤；死前吃过什么东西，根据墓主人骨骼里锶的含量，还可以判断墓主人生前的饮食结构。但目前从国内整个情况来看，墓葬等级越高，棺椁所采用的木料越多，墓主骨骼的保存状况反倒越差。有些等级低的墓葬，不使用木质棺椁，甚至直接把墓主遗体放入土中，保存时间反而相对更长。有推测认为，木头本身是有机物，在腐朽的过程中可能产生了各种物质，加剧了墓主遗体的腐蚀程度。而且木制品容易产生寄生虫，这也加速了遗体的腐败。M27墓主遗体的保存状况非常不好，已经腐化，只留下一些骨痕。可以清楚看出葬式——就是墓主人在棺内的姿势是仰身直肢葬，这个姿势就像睡觉一样平躺在床上，是古今中外最为普遍的葬式。墓主身高为176厘米左右，骨骼非常粗壮，从这方面推测最有可能是男性。墓葬的随葬品也能提供很多信息。依照随葬品来判断墓主性别也是比较常规的做法。尽管这些证据没有骨骼判断那么直接，但根据M27现有出土物的情况判断是男性应该不会有太大的误差。（孙秉君）

（三）随葬品放置情况

M27 装饰物及随葬器物十分丰富，遍及椁室和棺内[14]。椁室侧板和挡板悬挂大量串饰作为椁室的装饰，具体组合分为两种，一种由青铜鱼、陶珠、玛瑙珠、海贝组成，另一种由青铜鱼、料珠、玛瑙珠、海贝组成（图9）。经统计共发现铜鱼387（残374）、陶珠2135（残2）、玛瑙6554（残1）、海贝1657（残3）件。外棺顶板中南部放置有8件铜翣，铜翣宽0.50米、高0.45米，锈损严重，已无法提取。铜翣下放置有2件玉戈。

大量车马器散乱遍布棺椁之间。椁室东侧放置青铜礼器和石编磬（图7），大多保存完好；椁室东北部放置青铜乐器编钟、镈于、钲和漆木建鼓[15]（图）；椁室两侧放置多种青铜构件，主要有三通、二通以及方管等。在外棺四周贴附有10个双龙纹镂空铜环，两两对称，两侧各4件，两端各1件。棺内墓主躯干及身旁随葬大批精美的玉器和金器（图8），玉器有组玉佩饰、七璜连珠组佩饰、梯形牌组佩饰及璧、琮、玦、觽、戈、剑、兽面、柄形器、觿等150余件，金器有剑鞘、环、丝环、觿、三角形牌饰、兽面、龙、泡、牛首衔环等48件（图10）。

图7　M27青铜礼乐器出土状况（由东向西摄）

◉ 14 随葬品的分布位置

考古发掘过程中很重要的一点是不能随意挪动遗物的原有位置，因此，清理工作需要非常地细致、认真，尽一切可能把埋藏之初的状态清理出来。只有当照相、测绘等相关记录工作彻底完成之后才可以提取文物。

两周时期的墓葬中，随葬品的放置有一定的规律。一般而言，青铜礼、乐器和车马器多置于棺椁之间，装饰品和兵器则多置于棺内墓主人近旁，陶器放在棺椁之上头端一侧（考古报告中常称为"二层台"）的为多。不同功用的器物往往成组放置，如 M27 随葬的成套乐器均位于椁室的东北部，礼器均在椁室的东侧，椁室南侧随葬品以车马器为主，椁室北侧有兵器。

随葬品在墓葬内的分布情况不仅有助于我们了解埋葬的过程，更重要的是可以通过器物所在的原有位置进一步了解相关器物的功用。比如《简报》中提到的由青铜鱼、陶珠、玛瑙珠、海贝组成的串饰是悬挂在椁的侧板和挡板上（见图9），由此我们可以知道这些是饰棺之物，而非人体装饰品；10 件双龙纹镂空铜环若不是附在外棺四周，我们就很难把它认定为棺之吊环；墓主人身上所覆的组玉佩由 7 件玉璜（商代至西周不同时期）、1 件

西周的圆形龙纹佩和 953 颗玛瑙珠串联而成（简报中报道是 737 颗，此处依后出版的《芮国金玉选粹——陕西韩城春秋宝藏》一书改定），也有赖于原有位置的确定。还有金质龙形镂空环一组共 12 件、三角形龙纹牌饰 2 件及带金剑鞘玉短剑一组，位于墓主人腰部位置，且呈长带状分布（见图10），我们有充分的理由认为这些金饰原本是腰带上的饰品，金鞘玉剑也应是佩挂在腰带上的。如果没有这样确凿的原生位置，就很难对这些器物的功用和组合关系做出准确的判断。（徐天进）

大量的玉器和金器放在腰部及周围，是否试图为死者在另一世界重建仍可掌控的生活？腰部与手相齐，有便捷之意，可见早期墓葬格局仍以模拟现世为基础形成；另一值得注意之处是，尽管墓主为芮国国君，依据年代，西周后期的日用品设计规模和水平仍超乎后世的想象，玉器的制作技术极高，可想见其工具也已十分成熟。一些圆形薄细切片的成型，需要有轴的转轮机械才能加工；玉佩饰很精美，较长的造型体现了独特的审美观念；值得注意的是玉器和金器的用途有所侧重，金器以模仿器具的形态较多。（杭间）

清理 M27 外棺上的铜翣残片

提取 M27 棺内金器

图 8　M27 椁室文物出土状况（由西向东摄）

图 9　M27 椁室壁上串饰出土状况

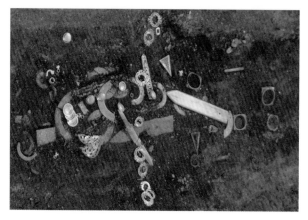

图 10　M27 墓主腰部金、玉器出土状况

M27 椁室东北部发现的漆鼓

漆皮彩绘

吊运漆鼓

◉ 15　漆鼓

在清理椁室东北部时发现一件大型漆器，后确认为一面漆皮建鼓。附近还出土了一件小漆鼓。漆鼓的首次发现对了解两周的音乐制度有重要的价值。但由于漆鼓腐朽严重，仅保存了一些漆皮，难以提取。最后经过各方讨论，漆鼓被涂上石膏封存，打包运回实验室，等待适合的时候开包提取。（孙秉君）

论 芮国国君一级所享用的乐器，是由编钟、编磬、錞于、小鼓、建鼓和钲所构成的击奏乐器组合，这便是当时诸侯国礼乐演奏曾经存在的乐队编制之一。不难想见，这样的乐队应该可以营造出钟鼓齐鸣、金声玉振的音响效果。

——方建军《新出芮国乐器及其意义》，本书第一九四页。

图 11 M27 出土列鼎

图 12 M27 出土列簋

三、随葬器物

M27 随葬器物相当丰富，按质料分为青铜器、铁器、金器、玉石器、料器、漆木器等[16]。

（一）铜器

数量较多，有礼器、乐器、兵器、车马器和用具等。

1. 礼器

该墓随葬青铜礼器[17] 24 件，计有鼎（图11）7、簋（图12）7、方壶2、甗1、盉1、盘1、盖盆1、提梁卣1、瓿1、角1、盖尊1。仅在簋盖捉手内发现铭文。

鼎[18] 7 件。形制纹样相同，大小相次。标本 M27:1006（图13, 27-1），敛口，宽斜沿，方唇，浅半球形腹，圜底，双附耳，马蹄足。口沿下饰一周"G"形窃曲纹，其下缘有一道凸弦纹。口径30、通高25.9 厘米。

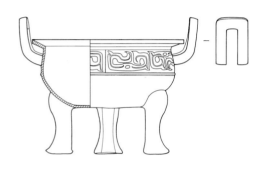

图 13-2　鼎 M27:1006 线描图

图 13-1　鼎 M27:1006

◉ 16　随葬器物

依据材质的不同，《简报》对出土的随葬器物给予了分类介绍。该墓除陶器之外，几乎出土了当时所有材质的器物。这也从另一个方面证明墓主地位的不一般。

讲到乐器、兵器、车马器之类的内容，大家可能都比较容易明白，而最常见的所谓"礼器"，或许就有些陌生。所谓"礼器"主要是指各种青铜容器，包括鼎、簋、尊、卣、壶、瓿、爵、盘、盉、匜、甗、鬲等，按功能分有烹煮器、盛食器、酒器、水器。这些器物不仅仅有实用的功能，更是贵族等级身份的象征。所谓的"礼"，其核心当是表示等级秩序的一系列行为规范。因此，这些铜器被用于祭祀、婚媾、朝聘、宴飨等礼仪活动中时，也就有了"等贵贱、别尊卑"的功能，故被称为"礼器"。

青铜礼器在器物的铭文中多自称为"彝"、"尊"或"尊彝"等。先秦和汉代的文献中则称其为"彝器"，《左传》襄公十九年臧五仲对季孙氏曰："且夫大伐小，取其所得以作彝器，铭其功烈，以示子孙。"杜预注曰："彝，常也，谓钟鼎为宗庙之常器。"东汉许慎的《说文解字》："彝，宗庙常器也。"从这些记载中，我们可以知道这些青铜器即是常设于宗庙的祭器。

中国自古以来就有"事死如生"（《荀子·礼论》）的观念，在此观念的支配下，就有了厚葬的习俗。不论是贵族还是平民，多会在条件许可的情况下，把生前的一些用品带进墓葬，以供在阴间使用。因此，随葬品的多寡和构成内容大体可以标示墓主人生前的身份和地位。也因此，商周时期的大量青铜器才得以保存至今，让我们有幸可以通过科学的考古发掘，了解到当时的器用制度。比如常被提及的用鼎制度。据文献的记载，不同等级的贵族在礼仪活动时的用鼎数量是有明确规定的。通行的说法是"天子九鼎，诸侯七，卿大夫五，元士三也"。周王陵究竟在何处还是一个未解之谜，天子的实际用鼎情况不得而知。诸侯的墓葬已经发现一些，用七鼎和五鼎者都有，如晋侯墓就是用五鼎，虢国的国君（虢仲、虢季）则用七鼎。《简报》中的M27也是七鼎，但同一墓地的M28被认为也是一代芮国国君，却只有五鼎。在文献记载和考古发现的实际情况有所出入时，当先信从考古的事实，但也不能轻易地去否定文献，需要认真检讨两者的关系。况且制度的规定和制度的执行常有不一致的时候。（徐天进）

M27列鼎出土状况

过七件，分两种情况：一种情况就是到了春秋中期以后，很多国家僭越，超过了规定的用鼎数量；另外一种情况就是一个墓室里陪葬了多套鼎。（孙秉君）

🔲 墓葬规模、葬具的差距，随葬品的明显的差距是当时芮氏宗族内宗族成员等级分化非常明显的表现。平王东迁，大批畿内与近畿地区世家大族与封国随之东移，芮国也许在此动乱时际受到冲击，不得不北迁至黄河西岸之韩城，动乱与迁徙造成国力之衰微。

——朱凤瀚《论梁带村芮国墓地出土青铜器与相关问题》，本书第一五四页。

◉ 17　青铜礼器

梁带村出土的青铜礼器基本囊括了当时青铜器的所有种类，有鼎、甗等炊器，壶、觚、提梁卣、角等酒器，还有簋等盛食器，以及盉等水器。青铜礼器是判断墓主人地位高低的最主要证据，其中又以鼎的数量最为重要。M27号墓中发现有七件一组的列鼎。列鼎是指成组的青铜鼎，形制、花纹相同，体量逐渐变小或增大，大小之间存在一定比例。根据典籍记述，列鼎的数量与墓主人的地位有直接关系。目前国内墓葬中发现单组列鼎数量最多的就是七鼎。有些墓葬出土的青铜鼎总数超

◉ 18　鼎

鼎的造型历来是研究礼制的重点，此组鼎造型端庄质朴、球腹、圜底、双附耳、马蹄足以及窃曲纹的装饰，都为此时期的典型。尤其窃曲纹样和下缘的凸弦纹，在范的制作工艺上有收边规整的作用，在装饰上，也起到了强调的作用。（杭间）

簋 7件。分为A、B两型。限于篇幅，仅介绍A型[19]。

A型　6件。形制、纹样大小相同。标本M27:1007 (图14,27-2、3)，浅腹钵形盖，上有圈足式握手。簋身敛口，垂腹，兽首半环耳，平底，矮圈足，圈足上有3个突起的兽首，下接三兽蹄形足。捉手内铸一周铭文："内（芮）公作为旅簋。"[20]器盖身饰窃曲纹和瓦棱纹，圈足饰垂鳞纹。口径19.8厘米、通高23.5厘米。

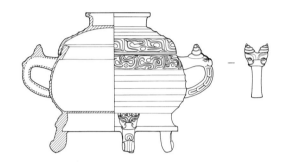

图14-2　簋 M27:1007 线描图

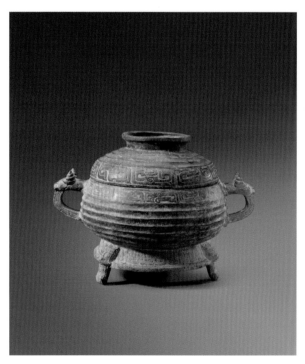

图14-1　簋 M27:1007

◉ 19　类型学

在这里提到了"型"这个概念，"型"是考古类型学的一个基本概念。类型学和地层学一样都是考古学最基本的方法论之一。"型"实际上是借鉴了植物分类学的基本概念。同一时期内相同类型的器物——比如说壶，在壶的大概念下面有形态不同的三种壶，就可以分为A型、B型和C型。以发掘简报中的簋为例：出土的簋其实有两种，一种是简报中提到的A型，带盖；另一种B型，是不带盖的，器物形态也有比较大的差异。对于型的把握，到什么程度叫A型，什么程度叫B型，考古学上是有一套划分的具体操作程序的。其实说穿了，"型"就是形态的不同，到什么时候不同就要具体问题具体分析了。（孙秉君）

◉ 20　铭文

M27 出土的一些青铜礼器，比如簋，上面有铭文。其中透露的最主要信息就是"芮公"。"芮"是国家，"公"表示他是国家的君主，这是我们判定墓主人身份最直接的证据。如果在发掘墓葬中没有出土带铭青铜器，就很难断定墓葬是哪个国家的。两周时期中原地区有许多国家，出土的青铜器在风格上有差异，但也有一定共性，如果铭文内容很减省或没有铭文，就会对判定墓主人的国别造成困难。（孙秉君）

簋 M27:1007 铭文拓片

M27 列簋出土状况

簋 M27:1007 捉手内铭文

壶　2件。大小、形制、纹样相同。标本 M27:1001（图15、27-4），长子口盖，长颈，兽首长鼻套环耳，垂腹，平底，高圈足。盖饰一周窃曲纹，颈部饰一周大波带纹，其下部有一道凸弦纹。腹部中间以"王"字形宽带状栏线与菱形乳钉状凸饰为界，正背面各划分为4块，腹上部正背面各饰2组高冠凤鸟纹[21]，下腹部正背面各饰2组回首凤鸟纹。口径长17.2厘米、通高49.1厘米。

图 15-1　壶 M27:1001

◉21　凤鸟纹

　　壶的主纹饰高冠凤鸟纹，是西周主流装饰纹样，见于青铜器和玉器。其动态与典型的"回首卷尾"有所不同，可爱稚拙，显现了贵族文脉的坚持和传承，亦可见工匠在其中的传习和生产格局。（杭间）

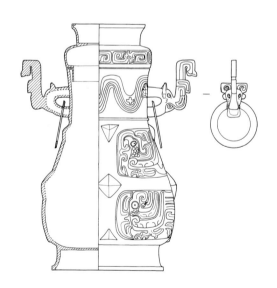

图 15-2　壶 M27:1001 线描图

甗　1件。标本 M27:1022（图16，27–5），上甑下鬲连体，甑口呈长方形，直敞口，方唇，立耳，腹壁斜直下收，底部有活动箅，箅上有3排3行条形孔。鬲体，敛口，鼓腹，四分裆蹄形足较高，底部有烟炱[22]。甑体口沿下饰窃曲纹，腹部饰一周波带纹。甑口长33.8厘米、宽29厘米、通高47.1厘米。

图 16-1　甗 M27:1022

◉ 22　实用器和明器

　　器物实用与否在考古上有重要意义，因为有专门为陪葬生产的明器和生前使用的实用器之分。底部有烟炱就说明是实用器。生前使用的器物一般制作比较精致、厚重、耐用，而作为明器由于时间比较紧张，加之是为墓主人冥间使用的，一般制作比较粗糙。如为节省原料，器壁通常比较薄，盖子打不开，内部杂质较多，密封也不好。（孙秉君）

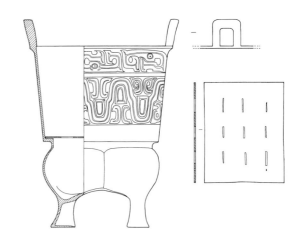

图 16-2　甗 M27:1022 线描图

盉　1件。标本 M27:1005（图17），子母口盖，鸟形握手。器身直口，方唇，短颈，椭圆形腹，管状流，兽首形鋬，高圈足。腹正背面边缘部及鋬两侧均饰重环纹。腹长 18.3 厘米、宽 14.3 厘米、通高 25.4 厘米。

　　盖盆　1件。标本 M27:1018（图18），盖上隆，喇叭形捉手。器身侈口，短束颈，折肩上有半环形双耳，斜直腹，平底。折肩部饰一道凹弦纹。口径 26.8 厘米、腹径 27.3 厘米、通高 21.8 厘米。

图 17　盉 M27:1005 线描图

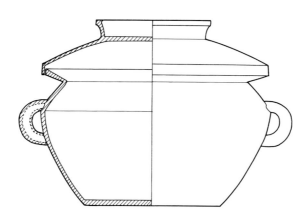

图 18　盖盆 M27:1018 线描图

提梁卣[23]　1件。标本 M27:1021（图19, 27-6），子口盖，盖顶有花蕾状钮，并铸什字形扉棱，扉棱间饰 4 组花冠凤鸟纹，盖沿饰 4 组龙纹，并有稀疏的云雷纹衬底。器身为椭圆形直子口，颈部附一对环形耳，两耳套接宽带状提梁。提梁两端部作兽首状，兽角作手掌状。表面饰简洁夔龙纹。垂腹，平底，高圈足。器身饰 4 组龙纹及花冠凤鸟纹，圈足一周均饰 4 组夔龙纹。口长径 12.8 厘米、短径 10.5 厘米、腹深 15.6 厘米、通高 25.4 厘米。

◉23　提梁卣

传世的西周提梁卣多以纹样繁复、装饰精美著称。值得注意的是提梁造型，功能设计和装饰处理上均十分巧妙，高度概括夔龙、兽首和手掌状的兽角，可见技艺传统在流布过程中的创意。（杭间）

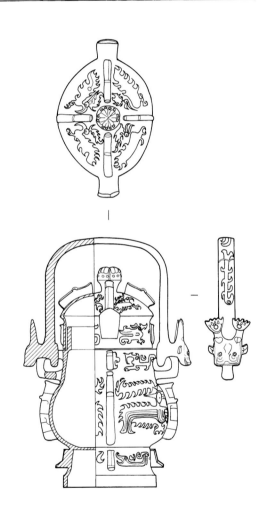

图 19　提梁卣 M27:1021 线描图

盖尊[24]　1 件。标本 M27:1014（图20），敞口，腹微鼓，高圈足。器身有 4 道竖行间断扉棱。颈部饰 4 组蕉叶纹和夔龙纹；腹饰 2 组饕餮纹，圈足饰 4 组两两相对的龙纹，通体云雷纹衬底。盖大体呈覆钵形，4 道脊棱将盖顶四等份，其间各有 12 道等距离阴线。盖顶中央铸有一圭形饰，圭身饰阴线羽纹。四脊棱相应处树立矩形鸟，鸟足与尾羽均作 "Y" 形饰阴线纹，鸟身均饰 3 道阴线。口径 25.6 厘米、通高 61.9 厘米。

图 20-1　盖尊 M27:1014

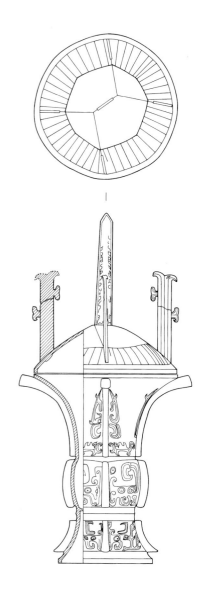

图 20-2　盖尊 M27:1014 线描图

◉ 24 盖尊

这一件盖尊，是这一时期国内发现的唯一一件带有盖的尊。

从盖和尊的情况来看，两者显然不配套，盖的年代晚，尊的年代比较早。尊大概在西周中期，盖则是春秋早期，两者大约相距一百多年。因为出土时盖是盖在尊上的，所以在简报上和展示时都按照出土时的状况，认为可能是器物在墓主生前实际的使用情况，当时为传世的尊后配了一个盖。

尊这种器型到了西周中期以后就消失了。酒器在西周时期是不发达的，周人吸取商人酗酒误国亡国的教训，因此在西周时期尚酒之风不如商代强烈。这并不意味着周人不喝酒。考古也发现了不少周代的酒器，但不及商代那么发达。而一到西周后期，这些器物都消失了。

M27 中出土了几件酒器：提梁卣、尊、爵、角，从器型上看应该都是商末周初到西周中期的东西。但另一种观点认为这些器物是春秋早期仿制前代的，是中国最早的一种复古表现。因为通过对比会发现，这几件器物与同类器物早期的形态、花纹之间存在一定差异。（孙秉君）

盖尊的形态十分独特少见。其器身纹样甚全，几乎囊括了西周以来所有典型纹样。可能是后加的盖，其功能令人困惑，作为礼器，覆钵形的盖上那些"矩形鸟"和中间的"圭形饰"，究竟表达何意？对一件传统礼器的改造在当年相必也不是一件易事，这中间一定有重大原因，或许，这件后加的盖应有一个独特的事件和仪式与之对应，不过，盖的粗疏简陋也看出它们之间关系的松散。（杭间）

M27 盖尊出土状况

M27 青铜礼器出土状况

觚[25] 1件。标本 M27:1019（图21），大喇叭状敞口，细腰中空，圈足。器口内套一圆锥状铜器，与觚锈结。通体素面。口径 13.8、通高 25.5 厘米。

角 1件。标本 M27:1020（图22、27-7），直口，窄流，短尾，圆腹，圜底，三棱形足，兽首半环形鋬。流与腹均饰兽面纹，云雷纹衬底。口长 19.4、宽 9.1、通高 26.8 厘米。

图 21-1 觚 M27:1019

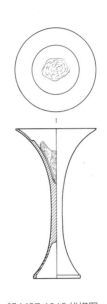
图 21-2 觚 M27:1019 线描图

◉ 25 觚

《论语》云："觚不觚，觚哉，觚哉"（雍也第六），这是孔子在强调礼崩乐坏时的举例，可以想见在他所处的时代，作为重要礼器的"觚"就已经做得不像周制的"觚"了。这件"觚"喇叭敞口、器身和器足关系谐调，从今天的美学尺度来看，也是优美的。（杭间）

图 22-1 角 M27:1020

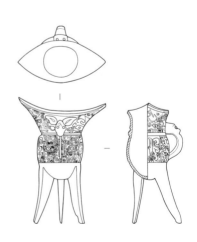
图 22-2 角 M27:1020 线描图

2. 乐器

随葬青铜乐器17件（含7件编钟钩），计有编钟、镈于、钲等。

甬钟[26]　8件。标本 M27:949（图23、27-8），钟身呈合瓦形，横断面呈梭形。长甬中空，与钟腔相通。甬下端有旋，旋上正面有斜方形环钮。平舞。钲部两侧的篆间各设3排9个柱状枚。于口上拱，铣部下阔。钟腔内壁锉磨有7道纵向调音槽（即所谓隧）。舞部饰4组双龙首S形窃曲纹，枚、篆、钲、鼓之间有凸起的界格栏线。通高39.9厘米、甬高13.6厘米、铣间22.2厘米、鼓间10厘米。

钟钩[27]　7件。标本 M27:1071-1（图24），器身弯曲呈S形，顶端连接一个环钮。其上端作龙首状，下端为一尖削的弯钩。通高11.6厘米、宽3.6厘米。

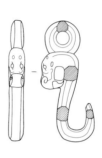

图24　钟钩 M27:1071-1 线描图

图23-1　甬钟 M27:949

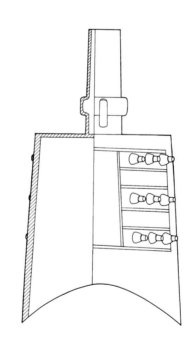

图23-2　甬钟 M27:949 线描图

◉ 26 编钟

M27中发现的乐器非常丰富，尤其以青铜编钟为先。后人常以"钟鼎"涵盖周代的礼乐文化，编钟是这一时期非常重要的一种乐器。M27一共出土了8件编钟，遗憾的是上面没有铭文。从器物形态的角度，我们认为这8件编钟存在着时间跨度，形态有一定差异，不一定是同时铸造的。但音乐专家经过对编钟的测音后认为，这是一套。究竟当时是用一套编钟下葬，还是在一套编钟里可能混杂着其他时代的钟？编钟作为乐器，从音乐的角度来判断应该比从器型角度更加准确，我们听从音乐专家的意见，因此现在认为这8件编钟是一套的，而且是西周晚期的。（孙秉君）

◉ 27 钟钩

8件编钟为什么只带了7件钩？这并不是考古工作人员的疏忽，而可能是下葬时的疏忽。编钟在墓葬里摆放时，并不是用钟钩挂在编钟架上的，而是架、钟、钩分开放置，因此完全可能出现数量上不匹配的情况。（孙秉君）

M27钟磬出土状况

錞于[28] 1件。标本 M27:398（图25），器形为穹顶、宽肩、束腰、直口的椭圆形筒体，上粗下细，顶端正中铸有一半环钮，底部近椭圆形，微敞。全身素面，制作粗糙。口径22厘米、通高38.9厘米。

◉28 錞于

錞于也是打击乐器中比较重要的一种，很多墓葬都有出土。梁带村的錞于年代早，对于该器物的产生、流传和文化传播研究有很大的意义。之前国内发现最早的錞于出现在春秋中期，而梁带村这件年代定在春秋早期，甚至可能是西周晚期，比之前的发现提前了几十年。

西周晚期到春秋早期这个阶段，中国的青铜冶炼和铸造技术已经达到了很高的水平。但这件錞于和国内其他地方出土的錞于相比，从器物形态上来看，做得不够标准，可能是处在器物发生阶段，发明的时间还不长。过去认为錞于首先出现在山东半岛，然后影响到南方，再传向北方，北方的錞于不多。但现在看来，王畿地区是当时经济、文化最发达的地区，出现新事物的概率比较高。很可能錞于还是在这里出现后，再向外传播的。当然此次发现还只是孤证，但可以作为一条重要线索，有助于把錞于这种乐器的发展过程补充完整。（孙秉君）

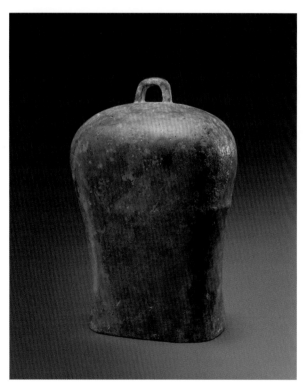

图 25-1　錞于 M27:398

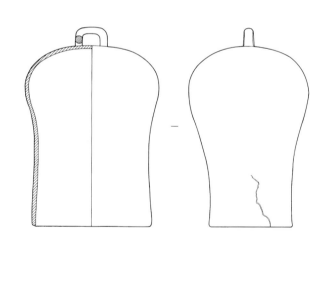

图 25-2　錞于 M27:398 线描图

钲[29]　1件。标本 M27:399（图26, 27-9），柄部断为两截，断面呈八棱形，柄细长中空与体腔相通，柄上有对称的 4 个长方形穿孔。腔体窄长，近筒状，断面呈椭圆形，器表两面饰突起兽面纹。口径 12 厘米、柄长 19.6 厘米、通高 39 厘米。

◉ 29　钲

铜钲也是当时比较常见的青铜乐器。也叫"丁宁"，有时器物上就有铭文"丁宁"。这是一种常见器物，在梁带村出土的意义不在于发现了这种器物，而是发现了一种考古学上的现象，可以之为实例。

M27 中，铜钲和建鼓出在相近位置。铜钲的长柄中间有穿孔，以前认为钲是拿在手里演奏的，那么这个孔有什么作用呢？而这次钲出土在建鼓旁边，建鼓下方有立柱，由此推测钲可能是斜插在建鼓的立柱上演奏的。根据晚于梁带村遗址的一些青铜器上的纹饰图案，能够找到奏乐的场景，一手击鼓，一手敲钲，钲斜插在建鼓下方，钲上的孔是为了捆绑用的。关于铜钲的用法，此次梁带村就为我们提供了实证。（孙秉君）

图 26-1　钲 M27:399

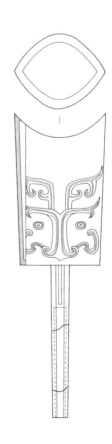

图 26-2　钲 M27:399 线描图

27-1　鼎 M27:1006

27-2　簋盖 M27:1007

27-3　簋 M27:1007

27-4　壶 M27:1001

27-5　瓿 M27:1022

图 27　部分青铜纹饰拓片

27-6　提梁卣 M27:1021

27-8　甬钟 M27:949

27-7　角 M27:1020

27-9　钲 M27:399

3. 兵器

共出土青铜兵器36件，计有钺、戈、矛、镞等（图28）。

钺[30]　1件。标本 M27:815（图29），器身呈半环形，边缘开刃，一侧有两銎以装柲，柲髹朱漆。钺正反两面饰两组凸弦纹，弦纹之间有4枚圆形凸饰，同时装饰浮雕龙纹。纹饰精美，铸造精良。长23.5厘米、宽13.2厘米。

◉ 30　钺

《史记·鲁周公世家》："已杀纣，周公把大钺，召公把小钺，以夹武王。"钺这种兵器代表了最高的军事权力，在兵器中具有极高的地位。这一时期，这种形态的钺出土不是很多，再加上这件器物做得比较精美，体量比较大，其文物价值是很高的。这件钺出土的时候，后面还接着一个长长的髹漆木柲，应该是国君拥有的兵器。（孙秉君）

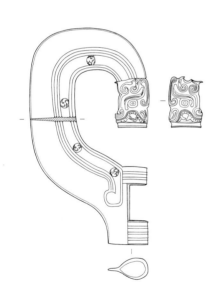

图 29-2　钺 M27:815 线描图

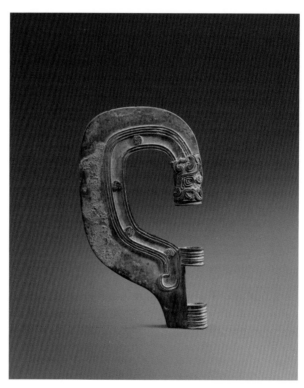

图 29-1　钺 M27:815

戈 4件。据其形态可分为 A、B 两型。

A 型 3件。标本 M27:817（图30），斜边三角形锋，直援无脊，长胡，内后端平齐，内中部有一横长条形穿。援长 13.0 厘米、宽 3.0 厘米、内宽 3.3 厘米、通长 20.3 厘米。

B 型[31] 1件。为三角形有銎铜戈，或可称为我。标本 M27:818（图31），器身呈三角形，中央镂空，尖锋呈等腰三角形，刃锋利，援起三角形脊棱，援末端作凹槽状阑，阑上有銎，銎中部各有一贯通圆穿。素面无纹。通长 23.5 厘米、宽 13.2 厘米。

◉ 31 三角形有銎铜戈

据说故宫有类似的器物，但是竖排的三连戈。

这种兵器，有人认为就是所谓的"我"。"我"这个字原来指的是一种兵器，过去因为没发现，所以也不知道到底是什么东西。有些专家按照字形推测，可能是有点尖尖的造型，怀疑就是这种三角形有銎铜戈。这种器型是首次在考古中发现，所以这个意义就不言而喻了。（孙秉君）

A 型戈常见，B 型三角形铜戈十分少见，从功能上看它比通常的戈砍伐时会更有效，兵器设计在冷兵器时代也有很实际的功能要求和制造技术的支持，而此三角形的设计坚固稳定，脊棱的凹槽状阑，既有装饰作用，同时也兼有导血功能。（杭间）

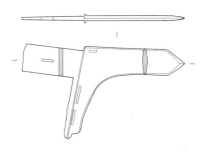

图 30 戈 M27:817 线描图

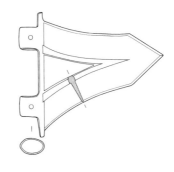

图 31-2 戈 M27:818 线描图

图 31-1 戈 M27:818

图 28 　M27 青铜兵器出土状况

矛　1件。标本 M27:845（图32），器身狭长，尖锋，锋刃锐利，双叶呈柳叶状。圆骹中空并延至叶身前段。骹径 1.8 厘米、叶长 12.7 厘米、通长 23.4 厘米。

镞　29件。标本 M27:436-1（图33），尖锋，双翼外展，锋翼呈三角形，刃锐利，后锋方折。隆脊呈折棱形，圆柱状铤。镞长 3.5 厘米、双翼宽 1.7 厘米、铤长 2.8 厘米。

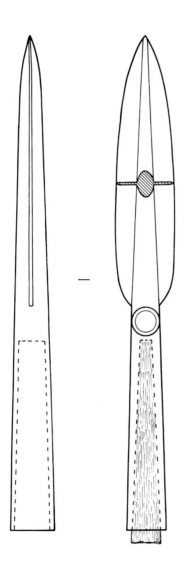

图 32　矛 M27:845 线描图　　　　　　　　　　　　　　图 33　镞 M27:436-1 线描图

4. 车马器

分为车器和马器两种，以后者居多[32] (图34)。

(1) 车器

计有衡饰、軛饰、辖軎、銮铃等 (图35)。

衡饰 4件。标本 M27:908，整体呈长条状，近两端处为梯形辖座，座体四面中部及底部作长方形镂空，中部蹲卧一鸟，长喙略弯，双翅突起拢合后翘，短尾下垂，中空鸟腹与衡饰相接部为长方形镂孔。背面平齐，有两插销。衡饰长 22.6 厘米、宽 2.5 厘米。

辖軎 55件（套）。标本 M27:615，辖首正面呈兽首形，辖健为长条状。軎为筒状，顶端封闭，中部有二周凸弦纹，将軎表面分作两段，前段对穿有长方形辖孔，后段饰有一周重环纹和变形蝉纹，顶端饰重环纹。辖长 9.45 厘米、軎长 10.2 厘米、口径 5.2 厘米、底径 4.2 厘米。

軛饰 由軛首、肢、足组成，成套发现较少。标本 M27:827-1 軛首饰，正面为束腰梯形，顶端平面近椭圆形，内空呈椭圆形且上下贯通。正背面各饰一组 8 条缠绕的卷曲龙纹。通高 7.5 厘米。标本 M27:827-2 軛足饰，兽蹄形，上端有口，底端封闭，断面近圆形。器身下部饰一周两组侧视卷体龙纹。通高 4.9 厘米。

銮铃 36件。标本 M27:755-1，上部为铃体，下部为铃座。铃体外缘呈椭圆形，正背面的中部均为半球形铃腔，正面自中心向外呈辐射状等距分布 8 个三角形镂孔，正背面中心各有一圆孔，铃腔内有一个弹丸。下部銎形座呈上端略细的长方体，其四面的下端各设一个圆形穿孔。正背两面各有 5 条纤细的竖向凸线，并间以两行 4 个菱形凸饰。通高 17.5 厘米。

图34 M27 除了青铜车器之外，还在椁室北壁下发现了舆栏木痕

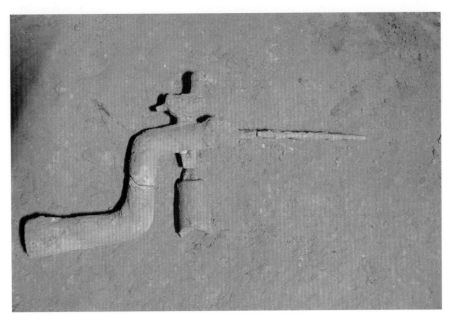

M27 出土衡端饰

M27 车器出土状况

◉ 32　车马器

车马器主要出在 M27 椁室南侧。

车马器也是这一时期墓葬里面常见的随葬品。在当时，有没有车、几匹马拉的车，都反映了贵族的等级身份。M27 出土了数千件车马器，数量大、种类全，同样说明了墓主身份的高贵。其中，马衔镳就出土了 130 多套。以一匹马用一套马衔镳计算，就有 130 多匹马；4 匹马拉一辆车的话，也要 30 多辆车。与 M27 配套的车马坑尚未发掘，但以此推算的话，车马坑的规模将相当可观。（孙秉君）

辀饰丰富，可与《考工记》映照。作为交通工具，需要跨境行走，因此其形制功能往往会被比较，受周围影响较快，同时也具有等级的象征性，须维持礼制规制。銮铃的设计朴素而巧妙，三角形的镂孔便于四面传播声音，铃座的穿孔便于灵活固定在需要的地方。（杭间）

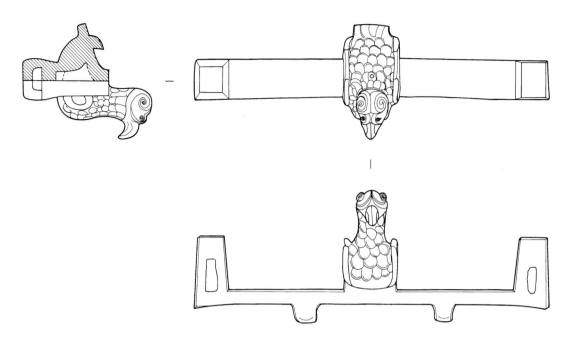

衡饰 M27:908

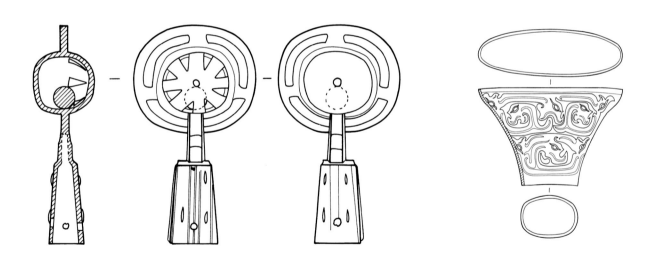

銮铃 M27:755-1

轭首饰 M27:827-1

图 35　部分青铜车器线描图

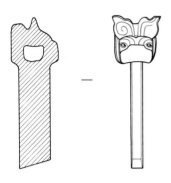

车辖 M27:615

轵足饰 M27:827-2

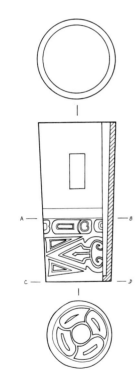

车軎 M27:615

(2) 马器 (图36)

计有衔镳、铃、节约、带扣、络饰、小腰、环、游环等，仅介绍前4种 (图37)。

衔镳　两者大多成套出土，共清理出127套（件）。标本M27:105，马衔由两段近"8"字形的联环钮套接而成。马镳呈弧形弯曲状，表面略鼓，背面中部有两个半环形钮，镳首卷曲成环状，饰一周变形蝉纹，末端正面饰侧视龙首纹。衔长19.1厘米、镳长11.5厘米、宽1.8厘米。

铃　10件。标本M27:484，形体较大，上有方环钮，器身断面近椭圆形，上细下粗，铃腔内有一个槌状铃舌。正背面饰兽面纹。高16.0厘米、宽7.5厘米。

节约　数量较多，以其形状可分为三型。

A型　4件。标本M27:913，器身作弯曲的管状，中部相连呈束腰的倒"又"字形。背面上端有等距的4个长条形镂孔，中部有一个近方形孔。正面中部饰兽面纹，上部饰斜角云雷纹，下部位饰简易无珠重环纹。长13.2厘米。

B型　77件，多与络饰伴出。标本M27:898-2，呈"十"字形，椭圆管状，背部有近菱形镂孔。正面纵向饰一凸脊蝉纹。长4.2厘米、宽4.2厘米。

C型　38件，与络饰伴出。标本M27:898-3，呈"X"形，椭圆管状，面中部饰兽面纹。背部有近菱形镂孔。正高2.9厘米、宽4.5厘米、管径1.1～1.6厘米。

带扣　91件。标本M27:502-1，正面隆起饰浅浮雕兽首，背面相应内凹。背面中部设一扁长条状横梁。长3.8厘米、最宽处3.15厘米。

图36　M27马面甲出土状况

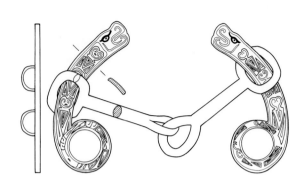

衔镳 M27:105

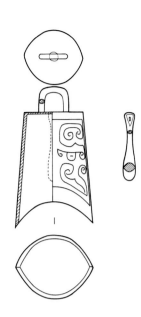

铃 M27:484

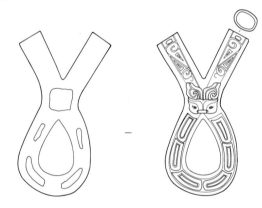

A 型节约 M27:913

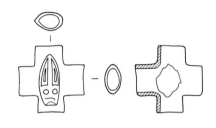

B 型节约 M27:898-2

C 型节约 M27:898-3

带扣 M27:502-1

图 37　部分青铜马器线描图

（二）铁器[33]

铁刃铜戈 1件。标本M27:970（图38），斜边三角形锋，直援无脊，长胡，近阑侧有两个长条形穿，内后端平齐，中有一圆形小穿。援部为铁制，内部为青铜，略有残损。通长19.5厘米、宽3.3厘米。

铁刃铜削 1件。标本M27:391（图39），刃部铁制，并为铜制刀背夹裹，锈损严重。背略弧，刃较直，扁圆柄，柄端有长方形环首，长18.5厘米、宽2.8厘米、厚0.5厘米。

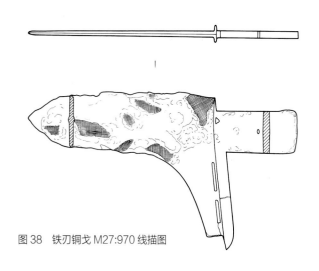

图38 铁刃铜戈 M27:970 线描图

◉ 33 铁器

中国最早什么时候出现了铁？根据现在国内考古发现的情况来看，出现铁器的年代较早的有三处遗址，一是三门峡虢国墓地，一是晋侯墓地，另一处就是梁带村芮国墓地。而且这三处遗址正好都围绕着中条山。说明在两周之际，围绕中条山的陕晋豫地区已经率先掌握了人工冶铁的高新技术，为即将迈入的崭新的铁器时代奠定了坚实的科技基础。

M27墓中出土了48件金器，而铁器只出了2件，数量上的对比也说明了当时铁器之珍贵。（孙秉君）

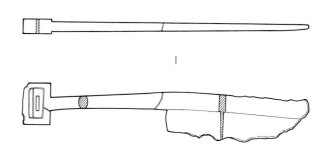

图39 铁刃铜削 M27:391 线描图

（三）金器[34]

剑鞘 1件。标本 M27:1221（图40），出土于墓主腰部左侧。整体镂空，锋部呈三角形。正面纹饰分三组，每组雕刻有4条变体龙纹，背面有方格和三角形镂空，剑鞘两侧呈圆弧形，一侧中部有穿孔，端部背面有一带状穿孔。长18.7厘米、宽4.0厘米、厚1.5厘米。

鞢 2件。标本 M27:1235（图41），出土于墓主右手部。矮斜筒状，正面如鼻头状突起，断面呈椭圆形，且中间斜倾向下向后纵向起一棱脊，脊上部突起有一穿孔，侧面有一近方形的扳突，背面外突呈浮雕鹰首状，尖喙，圆眼作穿孔。长5.0厘米、高2.3厘米。

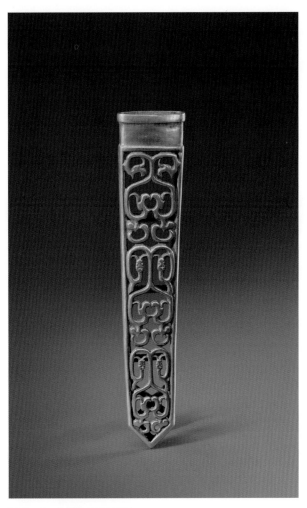

图40-1　金剑鞘 M27:1221

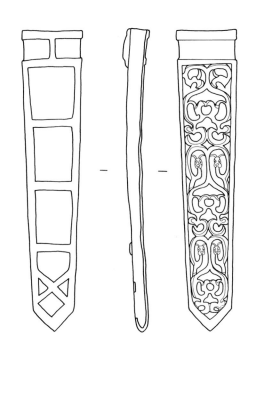

图40-2　金剑鞘 M27:1221 线描图

龙形镂空环 13件，皆发现于墓主腰部。据其形态和纹饰，可分为三型。

A型 6件。标本M27:1211（图42），环体扁薄，正面呈连体双龙相背向盘曲，背面平齐。环身饰变体镂孔有珠重环纹。直径6.9厘米、厚0.25厘米。

B型 6件。标本M27:1209（图43），环体扁薄，正面亦呈连体双龙相背向盘曲。环身素面，微弧。背面平齐。直径5.4厘米、厚0.15厘米。

三角形牌饰 2件。标本M27:1230（图44），出土于墓主腰右侧。平面呈三角形，中部隆起，呈三棱锥体，背面相应凹陷，沿底边一周有外折框边，其两长边上有8个两两相对的小穿孔。器表为一组单首双身镂空龙形，纹样的间隙皆作镂孔。底边长5.0厘米、高8.7厘米、厚1.2厘米。

兽面[35] 4件。标本M27:1229（图45），出土于墓主胸腹部。器身正面呈兽首形，并向上隆起，背面凹陷，设一横梁。长2.2厘米、宽2.2厘米、厚0.6厘米。

牛首衔环 6件。均出土于墓主胸部。标本M27:1203（图46），正面做牛首形，背面相应内凹，中部设一纵向长条形梁。牛嘴中空作管状，衔套一个可以转动的圆环。长2.8厘米、宽1.8厘米、厚0.6厘米。

小金龙 2件。标本M27:1228（图47），出土于墓主左右肩部。器身呈圆柱状半环形，头端大，外缘面饰凸兽面，兽角上耸内卷，眼球突出。环端横断面平齐。长3.8厘米、高2.3厘米、厚1.2厘米。

图41 䪠 M27:1235

图47 小金龙 M27:1228 与 M27:1244

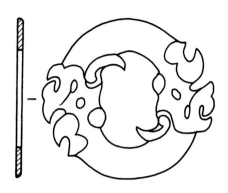

图 42-2　龙型镂空环 M27:1211 线描图　　　　　　图 43-2　龙型镂空环 M27:1209 线描图

图 42-1　龙型镂空环 M27:1211　　　　　　图 43-1　龙型镂空环 M27:1209

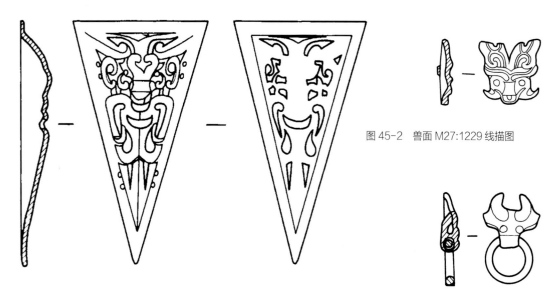

图 45-2　兽面 M27:1229 线描图

图 44-2　三角形牌饰 M27:1230 线描图

图 46-2　牛首衔环 M27:1203 线描图

图 45-1　兽面 M27:1229

图 44-1　三角形牌饰 M27:1230 与 M27:1234

图 46-1　牛首衔环 M27:1203

◉ 34　金器

商周时期，金器数量相对较少，只有零星出土；到春秋时期，金器数量急剧增加。梁带村一下子出土48件金器，从知名度来说，与其国家所处地位并不相配。然而七鼎的陪葬，证明此诸侯的地位并不低。从出土的48件金器来看，年代也相对比较一致，都是春秋早期。根据目前的检测，尚未成功分析出这批金器的出处，是自制还是周王所赐，仍需进一步讨论。不管如何，出土48件金器，10多种类型，经检测，这批金器纯度达到80%以上，证明当时的金器制造工艺已经达到相当高的水平。这在国内也是非常罕见的，许多器物都是第一次见到。比如金鞘玉剑、金觽、镶金玉觽，这些器物的出土，对于金器的研究具有重大意义。这一批材料数量大，在墓葬中的具体位置非常准确，还能恢复当时的一些功能。比如金觽、玉觽与其他器物的成组出现，为觽的配套使用提供信息。值得注意的是，金器大多出现在男性墓葬中，与国君身份比较匹配。（孙秉君）

M27 墓主腰部金、玉器出土状况

📖 梁带村 M27 出土了 40 余件金器，为两周金器的研究提供了丰富的资料。有的是包括芮国在内的周文化区的产物，有的则明显受外来因素的影响。

　　　　——冯峰《梁带村 M27 出土金器初探》，本书第一七八页。

金剑鞘与玉剑

兽面 M27:1229 拓片

龙型镂空环 M27:1209 拓片

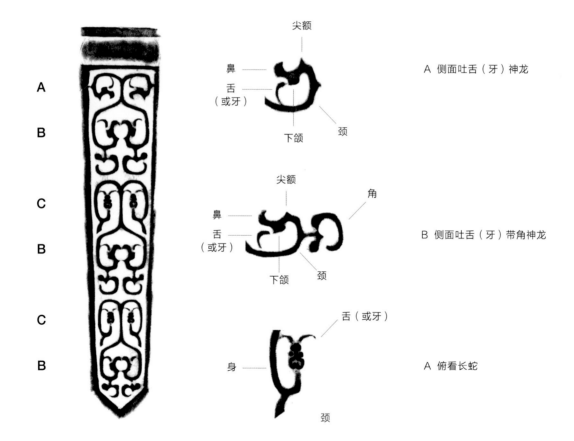

金剑鞘 M27:1221 纹饰解析

孙秉君、蔡庆良：《芮国金玉选粹》，页165。

◉ 35 分明清晰的设计原则

西周至春秋早期的艺术设计，以分明清晰为主要设计原则，因此神兽、神人等形象多以正面或以侧面的形式呈现。例如金兽面 M27:1229，眼珠圆凸，双角分歧，向下方延伸的部分并迭压在双眉上；方形鼻部高耸凸起，口唇短圆，两侧并有勾转尖锐的獠牙。正面形象明确，观者轻易可辨，此为最单纯的设计形式。

进一步则为稍加变化的作品。例如龙形金环 M27:1209，此类龙形金环共有 6 件，是一组腰带的组成构件。由于是环形造形，创作者发挥巧思，设计为相互咬衔的两只侧面神龙，形成圆转自如、生生不息的形象。仔细观察，可发现龙首和上述兽面相似，同样眼珠圆凸，弯弧勾尖的长牙清晰可见。只是为了因应侧面的形制特征，鼻部弯折延长，末端分歧如同象鼻；这种设计概念和上述兽面双角如出一辙，只是视角不同而已。

掌握了单纯的形象，即可赏析较为复杂的作品，金剑鞘 M27:1221 即为此类例子。本件金剑鞘和玉剑 M27:247 同为一组，为目前考古所仅见。看似繁复的纹饰设计，如果仔细分析，可以分成三组：A 组为相视的两只侧面神龙，有一弯弧勾尖的长牙；B 组一双神龙和前组相似，只是因应面积变化，增加了后伸的龙角；C 组的设计一如前述金兽面 M27:1229，只是增加了蜿蜒的蛇身。

又例如三角盾形金饰 M27:1230，此类金饰共有一对，同为腰带组件。创作者面对等腰三角锥形的造形，在居中偏上的最高点处设计了类似前述 M27:1229 的金兽面；左右两侧的三角形坡面，则设计对称的侧面龙纹，如同金剑鞘中 B 组的神龙，龙首在兽面嘴部下方，两龙鼻在中央棱线上相互接触，龙身沿着两侧缘向下蜿蜒，龙角则向兽眼及兽角一侧弯转回勾。

由于同一时代的艺术品味相似，与之配套的设计原则轻易是不会改变的，所以面对不同材质，创作者也会依循相同的概念制作出相类风格的作品。例如玉兽面 M27:256，左右兽角和口吐长牙的侧面神龙相互借用，其设计原则和前述作品实乃同源。（蔡庆良）

三角形牌饰 M27:1230 拓片

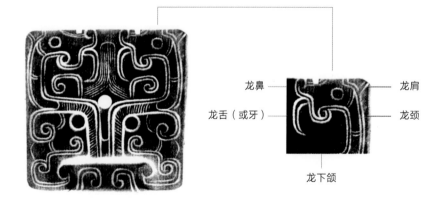

玉兽面 M27:256 纹饰解析
孙秉君、蔡庆良：《芮国金玉选粹》，页108。

龙鼻   龙肩
龙舌（或牙）   龙颈
龙下颌

（四）玉器

绝大多数出自棺内墓主躯干处，以其功能主要有礼玉、佩玉和用具等，共计249件（颗）[36]。

1. 礼玉 23件。包括戈、圭、璧、琮、璜等。

戈 5件。标本M27:10（图48），出于外棺顶板。青玉，呈深豆青色，透明，质地细腻。直援，直内稍短。援、内部碾琢出脊线并开刃，锋锐利。援内交接处两面状穿孔，通体光素无纹。长17.7厘米、宽3.6厘米、厚0.4厘米。标本M27:238（图49），青玉，大部受沁呈黄褐色，局部有褐色斑块。援与内以阴线区分。尖锋呈柳叶状，锐利，援有刃，援本处有一圆穿孔，内正背面均饰有1道弦纹与7道纵刻阴线纹。长34.2厘米、宽6厘米、孔径0.8厘米、厚0.6厘米。

璧[37] 6件。标本M27:235，青玉，豆青色，受沁有少许黄褐色沁斑，玉质细腻温润。正面饰二条龙纹，布局规矩严谨，雕琢精美。背部平齐。直径12.7厘米、内径7.4厘米、厚0.3厘米。

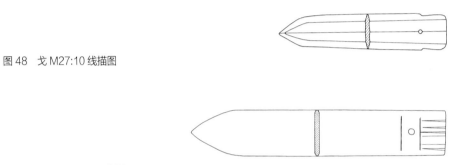

图48 戈 M27:10 线描图

图49-2 戈 M27:238 线描图

图49-1 戈 M27:238

◉ 36　玉器

M27 出土的礼玉数量较多。这点和孙庆伟的研究结论比较接近，即男性墓葬礼玉多，而女性墓葬佩玉多。另外，传世品较多，同时代的反而数量较少，反映了玉器与铜器不太相近的情况，也可能是由于当时铜料来源相对玉料来源更容易。

用肉眼观察，这批玉器的材质以和田玉为主，科学测定的结果却呈现出比较复杂的状况。玉料产地的测定主要通过矿物成分分析，但不同地方的玉器矿物成分可能相同，而一件玉器上矿物成分则不同。这使得对玉料产地的判断出现了极大的困难。受沁问题也是一样。对国内出土的早期玉器而言，沁色也是常见现象。玉器埋在土里，受到各种元素的侵蚀，色泽上会发生一些变化。现在国内已经开始逐渐重视沁色的研究。但是，因为埋葬环境的复杂性：进水、土壤所含各种元素与玉器反应产生的变化，所以很难将沁色的成因完全说清。简单说，受沁基于外在和内在两种因素。外在是指埋葬环境，土壤里大量的盐、酸碱会对玉器产生腐蚀作用，这种可能更符合地矿研究工作者的研究领域，而我们考古主要可以完成一些现场观察和记录；内在则为玉质本身，硬度取决于分子排列，是否受沁取决于比重：比重大，受沁可能小；比重小，则受沁可能性比较大。同一个矿、同一块玉的不同部分由于接触面不同、内部比重不同，受沁情况都会有所区别。（孙秉君）

论 芮国玉器在器类、组合、摆放位置以及性别、等级差别等方面都体现了当时的通例，符合周代玉器和周代用玉制度的基本原则。

　　　　——孙庆伟《解读芮国玉器》，本书第一六六页。

M27 玉器出土状况

◉ 37　玉器纹饰中的斜对角圆弧分割构图（图见后页）

斜对角圆弧分割构图在商代玉器纹饰设计中即已出现，但在西周时期方始大为流行。例如梁带村 M27 出土的七璜联珠组佩，自上向下数的第五件龙纹玉璜 M27:204，左右两侧简化神龙即以斜对角圆弧分割构图的形式上下叠置，两龙之间的空隙则填饰圆弧双并行线，其分解如拓片所示。

这种构图形式，除了可以在玉璜圆弧面积中有效布列一对玉龙之外，同时可以创造出流动的视觉效果，因此在其他作品中也常常使用，例如龙纹玉璧 M27:235，即为此种构图的变化形式。若延展玉璜的轮廓即可形成一圆璧，创作者秉持上述玉璜相同的概念，在玉璧中设计了一对较精细的玉龙，其分析如拓片所示。神龙外形轮廓为收爪蹲伏在地的姿态，尾部向后延伸，整体如同爬虫类的形貌。尾部和玉璧之间多余的面积，即以斜对角圆弧分割的形式区隔，并在多余面积中填饰当时流行的纹饰单元。如此一来，一对神龙如同自璧心中快速旋转而出，达到动态流畅的艺术目标。（蔡庆良）

龙纹玉璧 M27:235

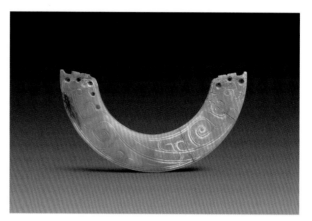

龙纹玉璜 M27:204

龙纹玉璧 M27:235 纹饰解析

孙秉君、蔡庆良：《芮国金玉选粹》，页 44。

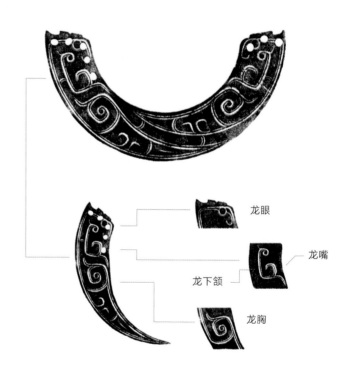

龙纹玉璜 M27:204 纹饰解析

孙秉君、蔡庆良：《芮国金玉选粹》，页 68。

凸缘璧® 38 1件。标本 M27:231（图50），青玉，受沁呈黄褐色。内缘上下突起一周凸棱。璧面有数周因旋切而留下的同心圆阴线，通体抛光。外径9.4厘米、内径1.6厘米、厚1.5厘米。

琮 4件。标本 M27:218（图51），青玉，浅豆青色，白化严重，玉质细腻。体扁矮，内圆外方，形制规整，有短射，射一角稍残。素面，通体抛光。边长7.4厘米、高3.5厘米、射高0.4厘米、孔径6.7厘米。

◉ 38　早期玉器的使用

M27墓中出土了大量早期制作的玉器。它们辗转流传至此一墓葬中，已失去了初始的使用功能，而在墓葬中被赋予了新的使用方式。

借由特有形制，可知凸缘璧 M27:231 是商代晚期的作品。它与西周中期玉璧 M27:235 来自不同时代，如果分别观察，并无有特别之处，然而却和其他5件新石器时代晚期的玉璧共同铺列在 M27 墓主人胸腹之间，说明在春秋早期此类早期璧形器必然具有特殊意义，才会刻意选用并放置在特别的位置上。

在玉琮中也可发现相类特征。玉琮 M27:218 由其特殊的形制可知是新石器晚期的作品，极有可能是龙山文化的遗留，和其他三件同为新石器时代晚期的玉琮皆出土在小腹和大腿之间，显然也有特殊的象征意义。

以上现象，在西周晚期山西晋侯 M8 以及河南虢国 M2001 中皆可发现，说明非芮国单一孤例，而是西周晚期至春秋早期姬姓贵族共有的习尚，是否是一种礼制规范或是丧葬习俗，有待进一步研究。（蔡庆良）

图50　凸缘璧 M27:231

图51　琮 M27:218

2. 佩玉

主要有人物形佩、动物形佩、几何形佩及组佩等。

七璜联珠组佩® 39 1组。由7件玉璜、1件圆形玉牌与737颗玛瑙珠相互串联组成。璜为半圆形或弧形，自上而下按璜之大小顺序排列(图52)。标本M27:200为第1件璜，青玉，豆青色，局部受沁有灰白色斑纹，玉质细腻，微透。器身呈二分之一圆弧形扁平体。为玉璧改制器，单面饰双龙纹尾部交缠，两端各有7个穿孔，平面呈"U"字形。长11.2厘米、宽2.3厘米。标本M27:203为第4件璜，青白玉，冰青色，润泽细腻，半透明，二分之一圆弧形扁平体。正面饰高冠双凤鸟纹，背面齐平。一端并排有3个穿孔，另一端有7个穿孔，穿孔平面呈"U"字型，长10.2厘米、宽2.0厘米。

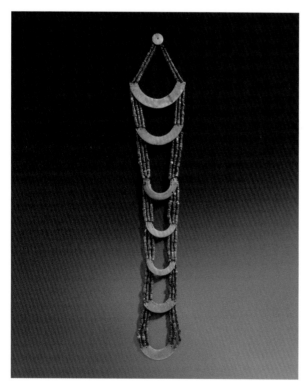

图52 七璜联珠组佩

◉ 39 玉器的改制现象

M27出土了大量玉器，大部分无法仅由形制比对区分出商、西周或是春秋早期等不同时代。面对此一问题，可以结合美术史中的风格理论，借由风格分析判断玉器的制作时代。

何谓风格？简单地说，就是"制式化学习后所产生的某种特征"。例如腔调即具有明显的风格特征，这是因为腔调是在特殊环境中按部就班学习而成，因此有经验者可以在音节的轻重转折之间，轻易区分出北京腔、上海腔、广东腔和台湾腔的不同。同理，由于不同时代各自有不同的艺术目标，因此玉器制作者自然会有不同的养成教育，经年累月的训练之后，逐渐累积造就出不同的风格技巧，我们即可由风格分析判断玉器的制作时代。这些风格特征，至少会显现在几个方面：工具的使用手法、线纹的琢磨方式、题材的选取偏好以及纹样的构图形式等。例如文彭和齐白石虽然使用相类的工具治

商代玉龙 M27:202

商代晚期臣字眼特征　山东滕州前掌大 M213:58
蔡庆良摄（DeltaPix Infinity X 数码相机）

印，但因艺术目标不同，与之配套的手法技巧、力道深浅，文字结构必然大不相同，最终成品自然也会显现出不同的风格面貌。基于同样的道理，我们也可分析辨别出不同时代的玉器。

晚商、西周玉器的眼睛形制常常如同甲骨文"臣"字，因此俗称"臣字眼"。由于商、西周的艺术目标不同，因此制作方式也不同。商代晚期是以"深浅不一、参差断续"的琢磨手法先完成眼睛的外廓，下一步再加上不规整、非正圆的眼珠，如此自然会营造出刚折严肃的视觉感受；西周恰好相反，是以"巨细靡遗、一丝不苟"的手法先完成正圆的眼珠，其后再以曲线勾勒出具有圆弧张力的眼眶，以此创造出饱满流畅的华丽感。由上臣字眼的分析可知，图 52 所示七璜联珠组佩第三件玉璜 M27:202 确实符合商代的风格特征，原为商代晚期的玉龙。为了符合组玉佩的形制要求，此时只能上下倒置，并在鼻吻下巴以及尾部边侧总共多钻磨了九个系带

西周臣字眼特征　陕西宝鸡强国 BRM2:35
蔡庆良摄（DeltaPix Infinity X 数码相机）

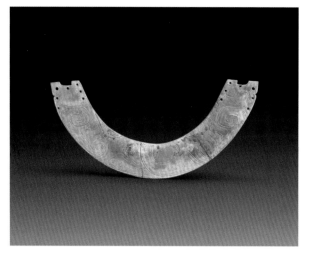

龙纹玉璜 M27:200

龙纹玉璜 M27:200 右上角纹饰细节
蔡庆良摄（DeltaPix Infinity X 数码相机）

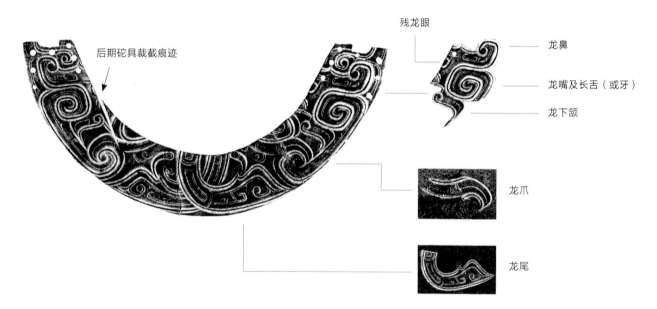

残龙眼

龙鼻

后期砣具裁截痕迹

龙嘴及长舌（或牙）

龙下颌

龙爪

龙尾

龙纹玉璜 M27:200 纹饰解析
孙秉君、蔡庆良：《芮国金玉选粹》，页60。

穿孔。第二件、第五件以及第七件玉璜由眼睛来看则为西周的作品。

至于第一件龙纹玉璜 M27:200，由其华丽流畅的艺术感受、通身圆转灵动的线条，以及"巨细靡遗、一丝不苟"的线纹琢磨手法，可知是西周中期的件品。若仔细观察，可发现本件玉璜曾经加工改制，除了增加众多系带穿孔外，还自内缘裁截去除一圆弧玉料，因此龙身纹饰基本消失，仅余龙爪和龙尾，龙首后方也泰半无存，仅在新的器缘残留局部龙眼可资辨识。进一步观察龙眼仍可发现先琢磨圆形眼珠再制作眼眶的工序，再次印证本器初始制作年代确实为西周中期。

对不同时期的玉器风格有所了解后，就可以发现七璜联珠组佩其实是收集不同时代玉器重新串联而成。最上的圆形总束 M27:264 的年代为西周中期，其余玉璜自上而下则分别为西周中期、西周晚期、商代晚期、西周中期、西周中期、新石器时代晚期以及西周晚期。而且为了穿系需要，在边侧重新钻磨了数个小孔以利穿绳连接，由此可知春秋早期在制作重要装饰玉器时，未必重新选材、全新制作，反而是寻旧改制，以孚新用。

七璜联珠组佩，出土于墓主人颈、胸、腹之间，规格不凡，当是墓主人生前特殊场合佩戴的装饰用玉。然而七璜以及最顶端的圆形总束共八件玉器，均来自不同的时期，而且没有一件是春秋早期当时的新作，其间原因着实值得玩味。或许可以有几种推测：春秋早期七璜联珠组佩具有特殊的功能象征，必须刻意选用早期的玉器；也可能是一种新的观念或价值观，例如透过改制早期的玉器来推崇简朴的风尚；也或许代表贵族的没落，无力再制作新的玉器，仅能因陋就简改制祖传的玉器；当然也可能是玉料来源暂时衰竭，无新玉料可用之故。（蔡庆良）

西周晚期以后，玉器中改制的现象迅速增多。大致有以下几种情况：第一，古人流传许多传世品，也能佩戴，但是其纹饰风格可能不满足后世的审美需求，所以会对其进行一些形制、纹饰上的改动，以符合当时的审美观点。第二种情况是玉器残破。比如一个玉环摔碎，会对圆弧较大的那一部分进行修补，重新打磨。也有因对古人流传玉器原料的需求而进行储藏的情况：将原来的纹样磨去，再加饰符合当时想法的纹样。因此，改制器在这一时期非常普遍。最后还有一种是意味不明的改制，如将一件非常好的玉器改得非常糟糕，甚至一些会经过两三次改制。改制器对判定器物的使用年代最为有利。只要改制，至少会有两个年代信息：器物年代和改制年代。（孙秉君）

圆形总束 M27:264

梯形牌饰[40]   1 件。标本 M27:255（图53），出于墓主胸部右侧。青玉，浅豆绿色，大部分受沁有棕黄色或灰白色斑纹，玉质细腻，微透。正面隆起呈弧形，分 4 个界区，每区各饰有一龙纹，躯体卷曲。背面齐平，两端中部各有一凹槽，上端有 8 个牛鼻穿孔，下端有 10 个孔。长 8.4 厘米、宽 5.1 ~ 6.1 厘米。

图 53-1　梯形牌饰 M27:255

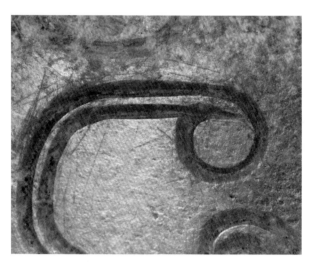

梯形牌饰 M27:255 纹饰细节
蔡庆良摄（DeltaPix Infinity X 数码相机）

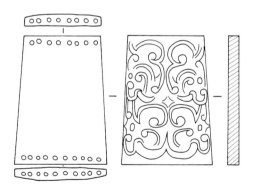

图 53-2　梯形牌饰 M27:255 线描图

图 53-3　梯形牌饰 M27:255 拓片

◉ 40　舒朗平直——西周至春秋早期的风格变化

和商代不同，西周至春秋早期玉器的主要用途是作为佩饰之用，用以彰显佩戴者高贵的阶级身份，因此本时期出现大量片状玉饰以利悬挂于身。艺术目标也因而发生变化，华贵的视觉效果成为新的标准。

西周在此目标下，会使用"巨细靡遗、一丝不苟"的手法进行琢磨，以求得"宽窄均一、饱满灵动"的曲弧线条。例如七璜联珠组佩，自上向下数第四件凤纹玉璜 M27:203，凤鸟纹饰的弯弧曲线即以此种手法琢磨而成。然而依时代先后顺序，整体特征仍稍有变化，西周整体风格特征可用"圆动流畅"来形容，春秋早期则为"舒朗平直"的艺术效果。例如梯形牌饰 M27:255，其线条即具此种风格。再加上龙纹渐趋几何化，平铺填饰在梯形面积之中，整体形成"舒朗平直"的艺术效果。（蔡庆良）

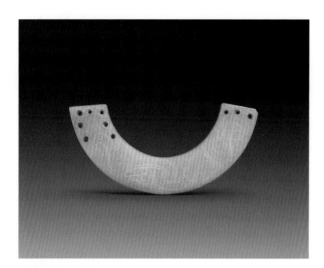

凤纹玉璜 M27:203

凤纹玉璜 M27:203 拓片

凤纹玉璜 M27:203 右侧细部
蔡庆良摄（DeltaPix Infinity X 数码相机）

人龙合体佩[41]　1件。标本 M27:252（图54），出土于墓主的右侧肩上。青玉，大全部受沁，呈棕褐色。整体呈"C"形，正背面均为人龙合雕，人呈蹲踞状，其头顶、腹部与臀下各用龙首装饰。在顶端有一圆形穿孔，以供系佩。长8.9厘米、宽1.4厘米。

图54　人龙合体佩 M27:252

◉ 41　人龙合体佩

　　人龙合体玉佩 M27:252，纹饰主体是屈肢仰望的神人，其头部以下以及下肢的位置如拓片所示。神人自耳后向上延伸回转的长发，同时是向下俯望的龙首和部分的颈身，其隐没的龙尾直至玉饰最下方才向下伸展勾转而出，整体如同神人骑乘在蜿蜒的神龙身上一般。此外神人的胸腹之间蜷伏一只向下凝望的吐牙神龙，下端龙尾也伏藏另一只隐约可辨的尖额神龙，形成人龙交缠合一的神秘形象。线条复杂，虽仍有西周中期"分明清晰"的余绪，但实已渐渐发展为西周晚期"融合互用"设计原则。（蔡庆良）

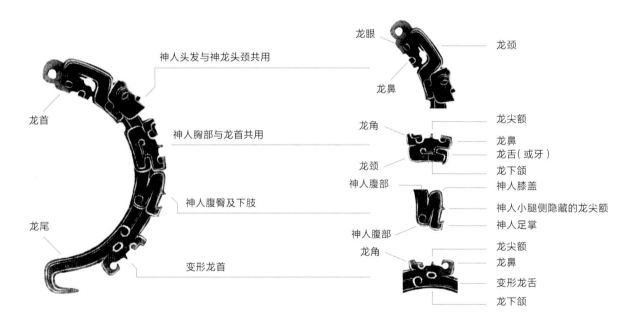

人龙合体佩 M27:252 纹饰解析

孙秉君、蔡庆良；《芮国金玉选粹》，页72。

鱼形璜[42] 3件。标本 M27:254（图55），青白玉，因受沁尾部略发黄，扁平体呈弧形，头部平齐，尾部稍窄，眼部和尾部各有一对穿孔。长9.1厘米、宽1.0厘米。

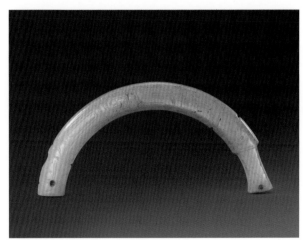

图55 玉龙 M27:254

◉ 42 商代玉器的技巧特征

商代玉器的用途多为神权重器，艺术目标是要营造出令观者敬畏的视觉效果，因此商代的整体风格特征可用"刚直方折、肃穆威慑"来形容，在此艺术目标下，会使用"深浅不一、参差断续"的手法进行琢磨。

玉龙 M27:254（简报写为鱼形璜，实为错误）的龙角纹饰可见明显的砣具痕，而且创作者并未进一步处理线条之间的接触点，而是刻意保留原始琢磨痕迹，以此突显刚直方折的艺术取向，此为典型商代晚期手法特征；此外玉龙屈肢伏卧，向上勾转的尾部倚靠在末端类似插榫的短柱上，同为商代的造形特征，可知本件玉龙是商代晚期的遗留。（蔡庆良）

M27:254 现在一般都被称作"玉龙"。本书除简报原文外，均采用"玉龙"一名。（编者按）

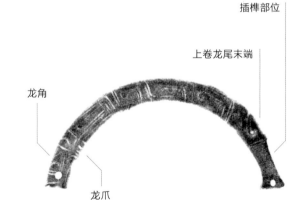

插榫部位

上卷龙尾末端

龙角

龙爪

玉龙 M27:254 纹饰解析
孙秉君、蔡庆良：《芮国金玉选粹》，页90。

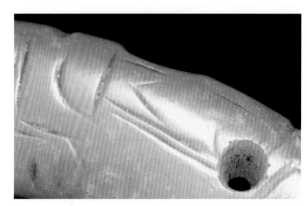

商代玉龙 M27:254 龙右角砣具琢磨痕迹
蔡庆良摄（DeltaPix Infinity X 数码相机）

玦 [43]　3 对 6 件。标本 M27:199-2 与 199-4 成对（图56）。标本 M27:199-2，青玉，浅豆绿色，大部分受沁有灰白色或棕黄色斑纹与斑点，玉质细腻，微透。薄厚均匀，单面钻孔。正面饰人龙合雕纹，双龙首对视，人首相背，背平素。直径 4.9、内径 2.1 厘米、厚 0.3 厘米。标本 M27:199-4，尺寸、纹饰与 M27:199-2 完全相同，为两面刻，且背面仅雕琢出一组人龙合雕纹，由此可看出其时的制作工艺顺序。

兽面饰　4 件。标本 M27:256（图57），青玉，整体受沁呈黄白色，玉质细腻。近正方形，中部有一对穿孔，背面略弧，顶端缘面有两道凹弦纹，此物疑为玉琮所改。正面图案整体为一个突出的兽面纹，兽角间有人字形兽鬃，兽角作卷体龙纹。高 4.6 厘米、宽 4.1 厘米。

图 56-1　玦 M27:199-2 与 M27:199-4

图 56-2　玦 M27:199-2 拓片

图 57　兽面饰 M27:256

◉43　玦

　　玦在当时也是一种常见的器物，出土时常在墓主人的耳部，也有在脚踝或其他地方的，经常成对出现。在中国，玦这种器型年代久远。早在兴隆洼时代开始，就有玦这一器物的出现。一直到今天，东南亚的很多地区仍有佩戴铜玦的习惯，把它作为最主要的耳饰。（孙秉君）

3．用具

剑　1件。标本 M27:247（图58），出土于墓主腰部，当与金剑鞘相配。大部受沁而呈土褐色。剑有脊，尖锋。剑格饰兽面纹，剑首有切割痕，通体打磨抛光。长29.0厘米、宽3.8厘米。

图58　剑M27:247

韘[44] 2件。标本 M27:229（图59），青玉，因受沁表面有土黄色斑点。矮斜筒状，断面呈椭圆形，正面如鼻头状突起，背面外突呈浮雕鹰首状，尖喙，圆眼作穿孔，侧面有一近方形的扳突。长 4.6 厘米、高 1.9 厘米。

图 59-1　韘 M27:229

◉ 44　韘

　　韘在商代就有发现，到西周时期形态发生改变，侧面出现方形的扳突，勾弦时候就更为方便。韘形似顶针，早期的时候直接在顶针部位拉弦，磨损很厉害，有一个凸点，则更先进。这类器形使用时间不长，很快就变成了韘形佩，后期慢慢演变成了纯装饰品。M27 时期的韘应当还是实用器，目前梁带村发现两件黄金、一件玉制、一件镶金的玉韘，显然不是实用器，而是身份等级的象征物。其中的金韘、玉镶金韘都是首次发现。（孙秉君）

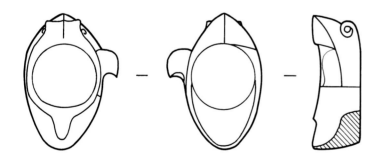

图 59-2　韘 M27:229 线描图

觿[45]　4件。标本 M27:226（图60），青玉，有黄色沁斑，微透明。呈扁平体弧形，尖尾。整体造型作龙形，系玉璧或玉璜改制而成，且巧妙利用原器龙纹。背中部突起半圆，上有穿孔，尾部突起环形纽。长3.2厘米、宽0.9厘米。

图60　龙纹玉觿 M27:226

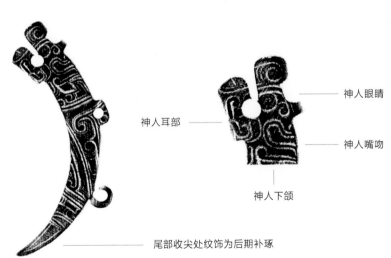

神人耳部 ——

—— 神人眼睛

—— 神人嘴吻

神人下颌

龙纹玉觿 M27:226 纹饰解析
孙秉君、蔡庆良：《芮国金玉选粹》，页82。

—— 尾部收尖处纹饰为后期补琢

龙纹玉觿 M27:226 左侧龙身纹饰细节
蔡庆良摄（DeltaPix Infinity X 数码相机）

◉ 45　龙纹玉觿

　　龙纹玉觿 M27:226 是另一件改制的例子，且更明确。此类玉觿造形是春秋早期常见的形制，但纹饰和造形之间却无法相互配合，可知是改制的结果。竖直观察，可发现原始纹饰是西周中晚期常见的神人；而由流畅弯转的线条，巨细靡遗的琢磨手法，以及先眼珠后眼眶的工序，推测始制作年代应是西周中期；另外龙身纹饰以斜对角圆弧分割构图的形式设计，可判断原件是左右对称的玉璜。当春秋早期改制时，为了使龙尾变薄并收尖以符合新的玉觿形制，此处原始纹饰因而抛磨消失，下一步再沿着龙尾轮廓琢磨新的三角形纹饰，以作为补白修饰。（蔡庆良）

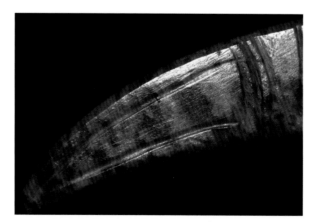

龙纹玉觿 M27:226 龙尾右侧新补琢的三角形纹饰
蔡庆良摄（DeltaPix Infinity X 数码相机）

柄形器® 46　3件。标本 M27:219（图61），白玉，温润细腻。方柱状，上端稍细。上、中部各有2组弦纹，四角雕刻有2组蝉纹，自上而下有一对钻穿孔，通体抛光。高10.1厘米。

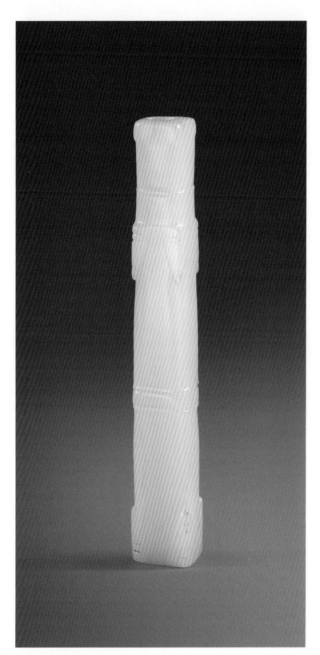

◉ 46　柄形器

墓中出土的柄形器 M27:219，乍看之下很难判断是商代或是西周的作品，因为这两时期皆制作了为数甚多的柄形器。但本件柄形器方柱体上下折角处，共依附有八只三角形的玉蝉，组成群蝉攀枝悲鸣的题材，实为商代常见的类型。此外，观察玉蝉轮廓的琢磨手法，可以看到分明且相互独立的砣具痕迹，线条本身呈现"深浅不一、参差断续"的技巧特征，此为典型商代晚期风格手法。综上可知本件柄形器当为商代晚期的作品。（蔡庆良）

两周墓葬中出土过不少柄形器，形态多种多样。一般来说，出土柄形器的墓葬规格相对较高。但对其用途究竟为何目前尚无定论。"柄形器"是现在考古学家根据其形态所定的名字。值得注意的是，梁带村此次出土一枚柄形器，两面纹饰可以拼合成一幅，一边还有明显的切割痕迹。那么是不是意味着柄形器应该两件成一套？是否具有后世虎符的意味？还需要更多的考古资料予以佐证。（孙秉君）

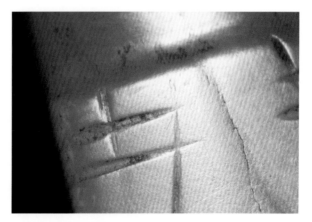

以砣具琢磨蝉纹所形成的工具痕迹
蔡庆良摄（DeltaPix Infinity X 数码相机）

M27 七璜联珠组佩出土状况

四、初步认识

M27 是梁带村两周墓地发现的唯一带有两条墓道的大型墓葬，是陕西地区建国以来发掘的未被盗掘的规模最大的周代墓葬。墓葬保存相当完好，出土物种类丰富，位置准确，尤其是部分青铜礼器带有铭文，这为我们研究墓葬的年代、墓主身份等级以及诸侯封国史提供了相当珍贵的实物资料。● 47 ◉

（一）M27 墓葬形制巨大，随葬青铜礼器七鼎六簋，还有 48 件金器以及兵器、成套乐器，毋庸置疑，墓主必为一代国君。簋上的铭文"芮公作为旅簋"则直接告诉我们墓主确为芮公。至此，连同已发掘的 M19、M26 三座大墓出土的带铭铜器均有"芮公"、"芮太子"，梁带村两周墓地的国别确为芮国当无疑问。

（二）经初步研究，M27 随葬铜器大体分为三个不同时期：

1. M27 出土的提梁卣分别与陕西庄白一号窖藏的商卣和陕西泾阳戈国墓地的戈卣器形接近，后者被认为是商周之际的典型器物，M27 提梁卣应属当时的传世铜器。

2. M27 铜觚与陕西庄白一号窖藏的父乙觚基本相同，唯前者素面，两者当同属西周中期。兵器钺与沣西张家坡墓地和甘肃灵台白草坡墓地发现的铜钺基本相同，说明 M27 这件兵器的年代也属于西周早中期。

3. 大宗的青铜鼎、A 型簋、甗、鬲等近二十件器物当为两周之际，下限在春秋早期，因此，M27 的年代最有可能在春秋早期。如进一步细分，这一批铜器还能区分早晚两段，如铜壶的年代可能稍早，它与被认为是西周晚期的晋侯墓地 M64 出土的铜壶几乎相同。

（三）金剑鞘、金镞、金龙以及带盖尊、青铜三角形戈等，都是首次发现两周时期的新品种，丰富了考古学文化的内涵，拓展了我们的认识。

（四）就目前的资料分析，随葬的錞于应为迄今发现时代最早的錞于，属春秋早期，这对于研究该类乐器的起源和传播具有重要的学术价值。

在发掘过程中，国家文物局、陕西省省委、省政府领导亲临现场指导工作，赵荣、刘云辉、焦南峰、王占奎先生多次来现场指导具体的发掘和文物保护工作，其间西北大学文博学院派出研究生参与发掘和整理工作，陕西省武警第二支队、韩城市公安昝村派出所、韩城市文物旅游局、梁带村文管所诸多同志为保护墓地的安全付出了辛勤的劳动，在此一并致谢。

领队：孙秉君

发掘：程蕊萍　　陈建凌　　李 恭　　王仲林　　童学猛

　　　梁存生　　张西峰　　张 伟　　刘银怀　　孙雪松

执笔：孙秉君　　李 恭　　程蕊萍　　张 伟　　童学猛

摄影：张明惠　　陈建凌

绘图：程蕊萍　　屈麟霞

◉ 47　墓葬的年代判断

墓葬年代的断定主要是根据随葬品的时代特征来作出的。两周时期的墓葬已经发掘了很多，还有不少青铜器的窖藏及大量的传世青铜器，其中部分青铜器上有明确的纪年或铭文，考古学家和古文字学家们根据这些年代明确的青铜器，已经建立起了比较准确的青铜器的年代标尺。不同时期的青铜器，其器类、器形、纹样、文字等都有各自的时代特征。由此还可以对共存的陶器、玉器等其他的随葬品也做出系统的编年。当新发现的墓葬自身没有准确纪年的材料时，我们就可以利用已有的年代标尺作为比对的参照，从而对该墓的年代作出合理的推定。此外，也常采集棺椁样本或人骨、动物骨骼，送实验室进行碳十四的测年，其测年数据也可以作为墓葬年代的重要参考。

根据《简报》的介绍，M27 的随葬品中当包含一些较早时期的遗物，如玉琮（M27:218）应属新石器时代晚期，凸缘璧（M27:231）和玉戈（M27:238）则属商代晚期，龙纹璧（M27:235）和玉璜（M27:200、203）属西周中期，青铜中的提梁卣（M27:1021）、尊（M27:1014）、角（M27:1020）也有西周早期铜器的特点（《简报》作者认为提梁卣当属传世品，未提及尊和角，我认为关于尊和卣的年代问题还可以再讨论，后世仿作的可能性还不能完全排除）。显然，这些早期的遗留物不能作为判断该墓葬年代的依据。地层学的一项基本原则，即"各层（或墓）所含年代最晚的一件遗物，是代表该层（或该墓）可能的最早年代"。该墓随葬大量的器物具有比较一致的时代风格，《简报》作者可能因为篇幅所限，或者认为业内读者对刊布材料的年代认识并不需要过多的论证，所以没有充分举证，只是直接说"大宗的青铜鼎、A 型簋、甗、鬲等近二十件器物当为两周之际，下限在春秋早期，因此，M27 的年代最有

可能在春秋早期"。就我自己的切身体会和对作者的了解，自从梁带村的发掘开始之后，他们便开始收集大量的相关材料，进入室内整理后，更是做了详细的比较研究。因此，关于墓葬年代的判断是可信的。（徐天进）

考古学对年代的判定，一是通过墓葬出土的所有器物，根据其中年代最晚的器物确定下葬年代。二是大型墓葬，除了确定墓葬年代外，对重要器物要一一进行年代判定，尤其是青铜器、玉器的年代判定，与墓葬年代的相对误差较大。在判定年代中，陶器断代最为重要，年代刻度最准，它是最常见、易损、又不贵重的器物。陶器之中，炊器最为重要，炊具中又以陶鬲最具代表性。可惜的是，这一次发掘没有出土陶器，这是一个很有趣的现象。陶器在这个时代应该是最普遍的，就像今天家里再穷也有瓷器，为什么 M27 没有出土陶器，这个原因我们现在也说不清楚。整个芮国墓地出土的陶器量都不大，有些小型墓里还有几件，多数是没有的。这以贫穷来解释还太简单，可能也是这个国家的一种文化现象。好在国内发现的铜器数量比较多，铜器的考古学分期也做得比较成熟，尤其是殷墟、西周、春秋战国的铜器的历史脉络，都分得比较细致。没有陶器，我们只能退而求其次，用铜器来替代它用于年代判定。而玉器判定年代的可靠性不及铜器，所以这里面基本上没有说到玉器。（孙秉君）

和传世器物相比，墓葬出土文物有一显著特点，即透过年代明确的墓葬，可以推论出土文物的埋藏年代。虽然这是考古文物特有的研究优势，然而若未谨慎思考其中细节，有时反而陷入迷障而不自知。因为研究者有时会在不自觉之中将埋藏年代等同于制作年代，从而发生错误的推论。

例如芮国 M27 的下葬年代虽然是春秋早期偏早阶段，但同墓出土文物的制作年代未必也是同一时期，可能同时，但也可能早于墓葬年代。其实这是相当简单的概念，因为埋藏文物大部分是价值不菲的高规格器物，极有可能是代代相传的珍贵宝藏。尤其是玉器，质地坚韧，易于保存，因此历代都常常收集不同来源的玉器重新串联；加上玉器又无法如金、铜可以镕铸再造，所以多将旧作稍作修改，或加上新的纹饰，以符合新的功能需求。

以此观念来思考 M27 出土的玉器，可以发现来源果然相当复杂，既有墓主人生前制作的新品，也有收集自不同文化的旧作，更有旧作改制的新作品。但如何理清此间来龙去脉呢？这需要考古学结合风格理论才能完成，后者主要包括时代风格的分析、琢磨手法的讨论、纹饰设计基本原则的归纳等。虽说出土文物的年代确实不能简单等同墓葬年代，但这并不代表考古学在文物研究上乏善可陈；反之，若无大量考古工作以为基础，下一步分析是绝对无以为继的。考古学在文物研究中不仅有明确的地理位置、埋藏时代，可以探究大时代巨观的意义；也可以藉由文物出土位置，以及和其他玉器的组合关系，推测当时的使用方式和功能，以此了解个别玉器微观的意义。此外，现今看似无关的玉器，和考古现场结合，时常也会出现意想不到的意义。例如同出于 M27 墓主人头部的两件玉器：一件为商代晚期玉龙 M27:254，另一件则为西周晚期人龙合体玉佩 M27:252，两者的玉质、年代、题材皆无相关，一般实难结合研究。但若细细思考，可发现两者造形皆为弯弧半圆形，而且尺寸几乎一致，又和其他造形相类、尺寸相似的佩饰同出一处，推测春秋早期芮国流行此类造形的玉器作为头饰组件，因此相互串结使用。在芮公夫人墓 M26 的头部也有类似造形的玉饰出土，可作为此一推测的旁证。

改自西周中期玉璜的龙纹玉觿 M27:226，一般皆会认为是成串组佩的组件之一，但结合考古现场可知，此件玉觿和两件小玉管、一件人面兽身玉饰同为墓主人右手玉鞢的佩件，若非考古现场，我们实在无从得知，而这正是考古无可替代之处。（蔡庆良）

論 这是自上世纪 70 年代发掘宝鸡強国墓地之后，陕西地区发现的保存状况最好的周代墓地，也是近十余年来国内发现的最重要的商周墓地之一。许多重要的发现，对古芮国文化的认识和历史的复原，有特别重要的意义。

——孙秉君、张天恩《金玉璀璨写华章——韩城梁带村芮国墓地的发掘收获》，本书第〇九二页。

論 周王朝应社会发展情势实行的各项政策措施，在一定程度上顺应了社会发展的需要，促进了社会、经济、文化发展和民族文化融合，为秦的统一和王国阶段向帝国阶段的转变奠定了坚实的基础。

——李伯谦《考古学视野下的两周史》，本书第一〇八页。

論 近年来，接连不断地有重要两周墓葬发现，有些墓地所在的遗址同时还有重要的居址遗存发现，发现的信息很多，涉及范围较广，在中国各时期考古发掘成果中占有突出的位置。

——刘绪《近年发现的重要两周墓葬述评》，本书第一二二页。

金玉璀璨写华章

——韩城梁带村芮国墓地的发掘收获

◎ 孙秉君　张天恩

对于中国考古界来说，2005 年注定是不平凡的一年。黄河两岸的晋陕两地似乎掀起了两周考古发现之风，先是山西省考古研究所发现了西周时期的绛县横水倗国墓地，继而陕西考古研究院发现了两周之际的韩城芮国墓地，这为黄河流域周代诸侯国的历史、科学、文化、艺术的考古学研究增添了丰富而翔实的新资料。

中华民族的母亲河——黄河在晋陕峡谷冲过壶口，跃出龙门，南下流入广垠富庶的汾渭平原。因大禹凿龙门有功，龙门又称禹门。龙门自古为晋陕交通要冲，形势险峻，黄河从两山高耸对峙断山绝壁的狭长峡谷中奔腾而下，惊涛急流，以不可阻挡之势冲出，直泻千里。河水进入平原后显得温顺祥和，在流淌 23 千米后，流经梁带村村东，梁带村就位于壮丽浩淼的黄河西岸（图 1）。

从 2005 年 4 月至 2009 年，经国家文物局批准，陕西省考古研究院和渭南市文物考古保护研究所、韩城市文物旅游局联合组队，在此连续进行了科学、规范的考古发掘，先后清理了带墓道的大型墓和中、小型土坑竖穴墓 70 余座，车马坑和马坑 3 座。出土了数以万计的珍贵文物，包括金器、青铜器、铁器、玉石器、陶器等。

可以毫不夸张地说，这是自上世纪 70 年代发掘宝鸡𢼨国墓地之后，陕西地区发现的保存状况最好的周代墓地，也是近十余年来国内发现的最重要的商周墓地之一。许多发现对古芮国文化的认识和历史的复原有特别重要的意义。梁带村芮国墓地遗址被评为 2005 年全国十大考古新发现。

2004 年 8、9 月，梁带村村民在深夜突然听见有剧烈的爆炸声，起初以为是地震或是梁山的炸石声，后来发现

图 1　梁带村墓地遗址位于黄河西岸

夜晚农田中有黑影闪动，还听到了盗墓贼在钻探提土样时的窃窃私语声。村民梁普会即向昝村镇派出所和韩城市文物旅游局报告，主持文物旅游局工作的王仲林同志向韩城市委、市政府和上级文物部门作了汇报，并要求文物旅游局属下的韩城市文物稽查队会同公安部门在此守候。这些措施有效地保护了梁带村墓地的安全。

2004 年 12 月和 2005 年 3 月，渭南市文物保护考古研究所在村北的农田中进行了小范围的勘探，发现了三处地点有古墓葬，编号为 M1、M2 和 M3。3 月底，陕西省考古研究院接到渭南市文物保护考古研究所的通报，当即派孙秉君前往梁带村了解情况。在梁带村村北一带，在百十亩的范围内，见到十余个直径在八、九十厘米、深 7 ～ 10 米左右的盗洞，洞壁上可清晰看到五花土，地面上却见不到任何陶片。据此判断，这可能是一处比较单纯的古代墓地（图2）。从文物部门收缴的铜鱼、陶珠分析，墓地的年代可能属东周时期。

陕西省文物局委派陕西省考古研究院组建韩城考古队，并要求首先搞清墓地的年代和墓地的范围，再决定现场保护与发掘。4 月 20 日，考古队正式进驻梁带村，在渭南市文物保护考古研究所和韩城市文物旅游局的有力配合下，考古工作全面展开。通过勘探，考古队在村西北发现了一处大型的古代墓地，确认了这里埋藏着西周和春秋时期的墓葬 1300 多座。

墓地紧邻梁带村北，考古专业人员在调查的基础上，首先对墓地可能的分布范围进行了抽样勘探，基本确定遗址范围东西长 600 米、南北宽 550 米，总面积约 330000 平方米（图3-图5）。在勘探的同时，决定对一座墓葬（M3）进行试掘，以搞清其时代、性质。M3 南北长 5.1 米、东西宽 4.2 米、深 4.8 米，发掘到墓口下 1 米左右，发现填土为五花土，土质不甚坚硬，未见夯打现象。根据在周原地区周代大中型墓葬的发掘经验，如此规模的墓葬其填土一般

夯打，而且深度一般当在 6 米以上，这是否不是墓葬，而是车马坑呢？依常规，两周墓葬一般是大而深，而车马坑则大而浅，而 M3 正符合车马坑面积与深度的比例关系，看来车马坑的可能性大于墓葬。如果是车马坑，其周边一定有大中型墓葬。在做完墓地抽样勘探之后，我们即围绕 M3 进行了较大范围的勘探，结果令人吃惊，遗址范围内墓葬相当密集，方向亦相当一致，南北向或东北——西南走向，均为中小型墓葬和车马坑。此时 M3 已清出车轮和青铜车軎，说明 M3 确定无疑为车马坑，编号亦改为 K1。

车马坑的确定为我们找寻大墓起到了直接的指示作用，经过对勘探图的分析，考古队普遍认为，向东勘探最有可能有大墓。可是接下来的几天，还是小墓。向东，向东……终于在车马坑 K1 以东 110 米处发现了 M19，经过 2 天的卡边、收孔，特别是提取的墓底土样中有均匀的朱砂和细小的铜片，使我们最终确定这是一座带墓道的大型墓葬，且保存较好。墓道长 26 米、墓室长 6.5 米、宽 5.5 米。大墓发现的喜讯迅速传到省考古研究院，领导指示，再放大勘探范围，工作做实，彻底搞清墓地的范围、墓葬的基本布局。

图2 墓地（从东南向西北摄）

图3 紧邻着遗址区是一道黄河侵蚀产生的冲沟（段卫绘）

图4 冲沟壁上暴露出的立面，可以了解当地的地层结构（段卫绘）

图5 在遗址范围内进行前期的勘探，了解墓葬分布与规模（段卫绘）

图7 布方是考古发掘非常重要的第一步（段卫绘）

随即在 M19 以东继续找寻墓葬，陆续发现了 M26、M27、M28 三座大墓。转眼间到了 7 月下旬，田地里的玉米已长至一人多高，探铲已难以挥动，勘探工作告一段落。统计结果令人振奋，共发现带墓道的大墓 4 座，其中 M27 带有两条墓道，形制巨大，其余三座大墓带有一条墓道，中小型墓葬 99 座，车马坑 17 座，上述遗迹分布于约 30000 平方米的范围内，首战告捷（图6）。

第二阶段勘探工作于 7 月至 9 月进行，发现了大量的墓葬和车马坑，2006 年 3 月、4 月又对墓地进行了抽查和验证。截至 2006 年 4 月底，梁带村墓地发现两周墓葬 895 座、车马坑 64 座，其中大墓 7 座。大墓中除 M19、M26、M27 成组分布外，其余大墓未发现有成组成排现象。通过对 895 座两周墓葬的平面布局的初步分析，此墓地当为其时的邦墓区，在邦墓区内在按血缘关系的远近划分不同的家族墓区，而公侯级大墓并未划定专门的公墓区。

2008 年又进行了第三次勘探，重点对墓地的西南部

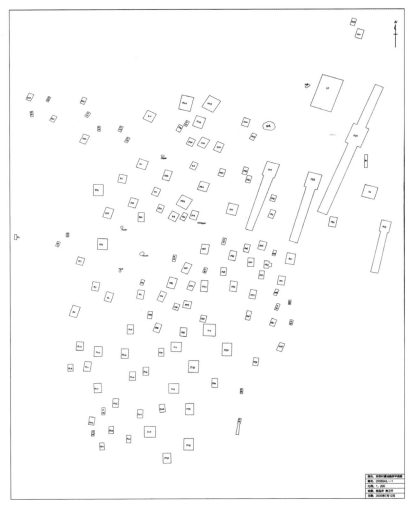

图6　梁带村第一阶段勘探墓葬分布图

进行了勘探，虽发现墓葬数量众多，但均为小型墓。至此梁带村墓地的勘探工作基本结束。三次勘探共发现两周墓葬1300余座，其中带墓道的大型墓葬8座，其中1座已垮塌，仅剩墓道部分，墓葬长度超过3.5米的中型墓葬160余座，车马坑64座。而大中型墓葬一般分布于墓地的东南和东北部。

2005年4月，在向国家文物局申请发掘执照的同时，针对梁带村墓地的抢救性发掘工作也开始进行，一个长达数年的考古项目随即展开（图7~图12）。发掘工作分三个阶段：

第一阶段，2005年4月—2006年12月。先后发掘了墓地南区的近方形车马坑K1、"中"字形大墓M27和"甲"字形大墓M19、M26，以了解墓地的年代和性质。从墓地范围大、墓葬数量多，发掘部分处于墓地东部等情况分析，墓地的年代跨度可能也比较大，故称之为梁带村两周墓地。

第二阶段，2007年3月—12月。发掘了北区"甲"字形大墓M502、中型墓M586、小墓20座和马坑1座，南区的"甲"字形墓M28、中型墓M35等3座，西区中型墓M18等4座、小墓6座、马坑1座，以了解墓地的年代范围，及其文化面貌特征。

第三阶段，2008年12月—2010年1月。发掘了"甲"字形大墓M560和M33、中型墓M300和小墓28座，进一步认识了墓地的文化特征。

现已发掘的墓葬开口位置较深，距现地表在0.85~1.50米，未发现后代扰乱情况，保存状况良好。所发现的7座大型墓，仅M27为墓室南北各有一条墓道的"中"字形墓，其他为墓室南壁有一条墓道的"甲"字形墓。中型墓发掘了9座，均属于土坑竖穴式。小墓发掘了50多座，形制与中型墓相同。所有墓葬的墓圹均为长方形，大体为北偏东10°至45°左右。木质棺椁置墓室中间位置，均有活土二层台。

在发掘过的各类墓葬中，均没有见到有殉人的现象，

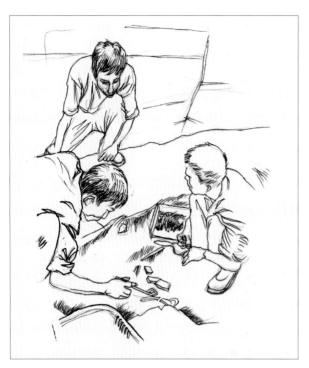

图 8　清理已经露头的文物（段卫绘）

图 9　清理漆绘几案（段卫绘）

图 10　文物整理和修复（段卫绘）

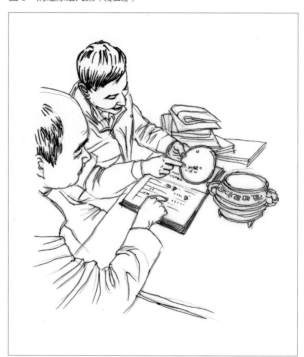

图 11　辨识青铜器上的铭文（段卫绘）

基本未发现腰坑。在大、中型墓的墓室西北方向，有相关的车马坑附葬，从发掘过的墓葬分析，则多附属于男性的墓葬。

大、中型墓均为一椁两棺。随葬的青铜器多置于棺椁之间，但在墓内的具体位置并不划一，饮食器在东、南、西侧均有发现，乐器置于北侧。玉器、金器等装饰品多佩于墓主躯干部分，有些礼玉等置于棺上，并多有荒帷、铜翣（图13）等棺饰发现。大型墓的随葬品多较丰富，如M27、M26就可以说是金玉璀璨，琳琅满目，出土文物数以千计。中型墓的随葬品一般明显偏少，有些甚至没有出土显示身份的青铜礼器。小型墓普遍有一棺，部分为一椁一棺。随葬品较少，多数出有少量玉、石玦等饰件，间或有一、两件鬲、罐等陶器，少数墓无随葬品出土。

出土的青铜器、玉器、陶器等时代特征明显，分别具有西周晚期到春秋早期的风格，说明其是一处两周时期的大型墓地。最早发掘的是1号车马坑（图14），清理出4辆马车和挽马5匹（未发掘到底，当为8匹），出土有銮铃、轭饰、车軎、钏等青铜车马器，显示其时代应为春秋早期。其东的M19、M26、M27三座大墓的时代与之相当。2007年发掘的南区M28，位于M27的东南40米处，随葬品显示其年代还要略晚一些。北区M502等各类墓葬，年代明显较早。出土有随葬品的墓葬，均可判断为西周晚期，且还没有属于西周末期的迹象。最后发掘的M560及附近的大中小墓，时代与M502相当，但有略早的可能，年代估计在西周晚期偏早的厉王早中期。西区的中、小型墓年代亦较晚，大体约与M28相当，约属于春秋早期略偏晚阶段。

M19、M27等墓出土了不少带铭文的青铜礼器，铸有"芮公"、"芮太子"作器等文字。这就告诉我们，梁带村墓地属于周代的芮国。《汉书·地理志》、《史记·秦本纪》三家注等文献，有关于古芮国在今陕西大荔（故临晋）一带，韩城境内则是韩国、梁国地域的记载，显然很有重新

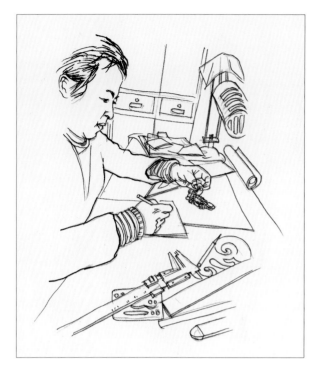

图12 文物绘图（段卫绘）

图13 M18出土铜翣残片

图 14　梁带村芮国墓地 1 号车马坑

认识的必要。虽然我们现在还难以确认韩、梁两国的地望，但这一发现已用比较确凿的证据说明周代的芮国就在梁带村一带，从而纠正了历史记载的某些疏漏。这对了解周代封国的发展，以及芮国历史的研究必将有较大的学术价值。

"中"字形墓 M27 为墓地中最大的墓葬（图15）。墓室为带收分的长方形竖坑，口长 9.3 米、宽 7.1 米，底长 7.5 米、宽 4.98 米，墓底距现地表 13.2 米。墓道均为窄长的斜坡状：南墓道长 33.8 米、宽 4.2 ~ 4.6 米；北墓道较短而陡斜，长 17.8 米、宽 3.85 ~ 4.20 米。墓内出土文物最为丰富多彩，六件铜簋均有芮公铸器的文字，清楚地表明其为一代芮公

的墓葬。代表身份的青铜礼器有 7 鼎 6 簋，及甗、壶、盘、盉、尊、卣、瓡等，乐器有编钟、磬、镈于、钲、鼓等。48 件金器的出土，则使其成为我国公元前 7 世纪左右出土金器最多的古墓。而出土的大量玉器大多为礼玉和组玉佩，如：七璜联珠、玉项饰、腕饰及玉璧、戈、琮、璜等，相对而言单独的佩玉较少，这与两周时期大型贵族墓葬男性礼玉多、佩玉少的一般随葬特点相当吻合。

参照墓地的平面布局，以及 M26 的鼎、簋、壶等铜器铭文，可知 M27 为一代芮国的君主芮桓公墓，M26 则为桓公夫人仲姜墓（图16），M19 为其次夫人墓。依据墓葬的

图 15 M27 全景图

形制特征，以及随葬品的组合特点等方面分析，其他的"甲"字形大墓很可能也是芮国国君及其夫人的墓葬。中型墓应该属于芮国的大夫及士一级的贵族墓葬，更多的小墓，当然都应是该国的普通平民墓葬。从大中小型墓掺杂埋葬的情况分析，可知芮国实行的是周代所谓的"族墓地"制。自国君至于庶人之墓的远近，是以血缘关系的亲疏来区分，是史书所说"生相近，死相迫"习俗的反映。M27 等大墓中间也夹杂有少量中小型墓，但可发现这一带的大墓相对比较密集，是否反映了在芮国后期也有向仅埋葬王公的"公墓地"演变的趋势，还需要进一步研究。

梁带村墓地出土了数以万计的文物，青铜器以单数鼎配双数簋的礼器组合见长。玉器以数量多、工艺精湛、年代跨度大为特色。最早的为 5000 多年前的红山文化玉猪龙（图17），次为 4000 多年前龙山文化的玉璧、玉铲等，更多的为 3000 多年前商周玉器，晚的为春秋早期的玉器。M27 出土金器多达 48 件，有金剑鞘、环、肩饰、镞、盾形金饰、金龙、金兽面、牛首衔环、手镯等，这些金器种类繁多，制作工艺技术高超，为同时期甚至以后相当长时间范围的考古发现所仅见，结合同时期晋、虢、秦等诸侯国的有关资料，反映了我国先秦时期的黄金制造在两周之际曾有一

图 16-1　仲姜鼎

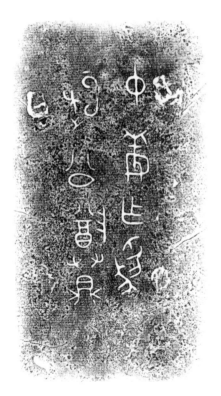

图 16-2　仲姜鼎铭文

次比较大的发展，黄金作为制作器具和饰品的稀有金属，可能已开始走进当时高级贵族的生活圈。这一发现将纠正以往学术界认识的偏差，对重新认识中国早期黄金制造工艺有重大意义。

　　M27出土的铁刃戈、削各1件（图18），经北京大学鉴定，确为人工冶铁，它们数量虽不多，但作为我国最早阶段的铁器标本，增加了在关中东部的出土点，与西部的秦国铁器，以及豫西的虢国铁器，形成了一个范围较广的铁器使用区域，无疑为研究我国古代冶铁技术和人工冶铁的起源提供了珍贵实物资料。

图 17 M26 出土红山文化玉猪龙

图 18 M27 铁器（右上角那一件）

M27 出土有建鼓、鼗鼓、编钟、编磬、錞于、钲等，属这一时期考古发现中种类最丰富、最完整的乐器组合。与《国语·吴语》所记"昧明，王乃秉枹，亲就鸣钟鼓、丁宁、錞于、振铎，勇怯尽应"有关乐器种类近同，使我们看到了春秋早期战阵所用乐器，也就是当时军乐的基本组合，而且比曾侯乙墓的时代早约 300 年。不仅是考古研究方面的重要发现，而且在我国音乐史研究方面也具有非常重大的意义。

M26 出土于棺外的六件青铜"弄器"，方盒、方鼎、短流匜、贯耳罐、单耳罐、鍑等（图19）。其中方鼎形态属商式，

高 11 厘米，大小两件方鼎铸接在一起；短流匜高 10 厘米，是在罐下加铸镂空圈足而成，其上有短流，盖钮为人面虎身。上述两件器物为国内首次见到，是创造梁带村青铜文化的艺术家们对我国两周青铜艺术的继承和发展。鍑高仅 7 厘米，其造型与北方青铜鍑完全相同，器身所铸造的纹饰精美，为多组典型中原风格的圆眼、卷鼻、吐长舌的春秋龙纹，这很好地体现了北方草原文化与中原文化的完美结合。上述弄器，铸造精美，设计奇巧，增加了我们对两周时期青铜设计、制作的新认识。

M26 出土的大大小小 500 余件玉器（图21），是梁带村

图 19-1 镂空方盒

图 19-3 双层方鼎

图 19-2 短流匜

图 19-4 簋

图 19-5　贯耳罐

图 19-6　单耳罐

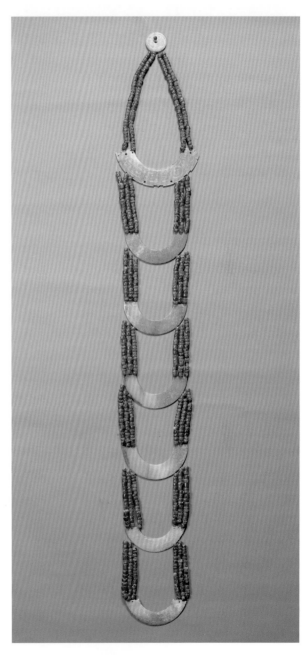

图 20　M26 出土七璜联珠组佩

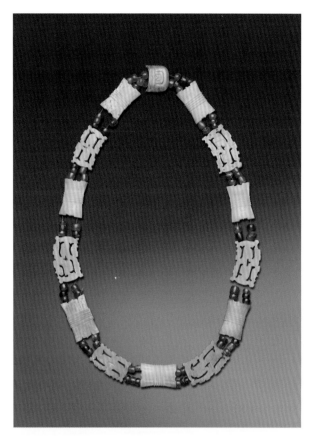

图 21-1　玉项饰

图 21-2　煤精项饰

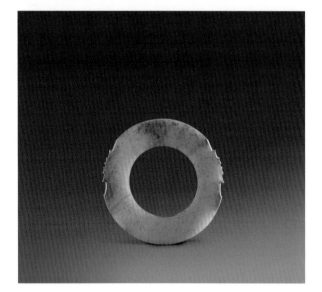

图 21-3　小臣夒□玉戚

图 21-4　玉神人

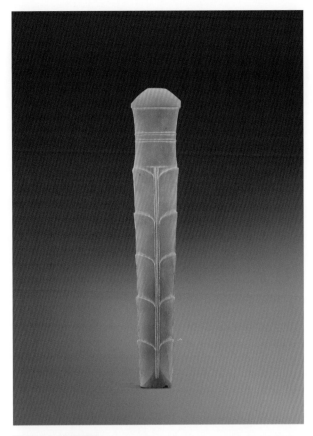

图21-5　玉柄形器

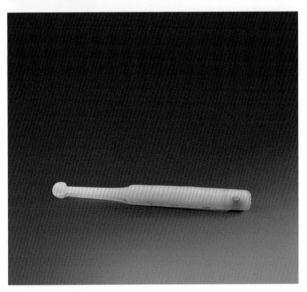

图21-6　玉耳勺

考古工作的重大收获。特别是组合清楚、位置准确的众多组玉佩饰，计有颈饰4组、腕饰4组、握饰2组。组玉佩饰中又以七璜联珠组佩（图20）和梯形牌组佩最具代表性，这是目前陕西地区发现的等级最高的组玉佩饰，其中七璜联珠组佩的人龙合雕璜尤值得称道，人的发束每毫米内竟达5根，根根绝不交错，堪称西周中期高超琢玉工艺的代表性作品。

由方柱形玉握与数量众多的玉贝、玉蚕、玉龟、玉珠、玛瑙珠、玻璃料珠而有机编排的左、右手玉握串饰，是我国目前发现的最为复杂和奢华的两周玉握串饰，它们大多采用上乘玉料制作，其中的细小的玉蚕琢有极小的眼睛且十分传神，而玉龟则琢有细线龙首，有相当的加工难度，这些除反映当时的玉器制作水平外，同时对于我们认识两周丧葬用玉提供了很好的研究素材。

M502为带一条墓道的"甲"字形墓，随葬品并非特别丰富，但因为随葬有青铜钺、戈等兵器多件，以及残铜铠甲等，我们也倾向于其可能是一代芮君的墓葬。另外，在该墓的椁室和墓道口放置有大小不等的马车五辆，这并不见于其他的大墓，而与西周中晚期的陕西长安张家坡井叔墓地、山西曲沃北赵晋侯墓地的国君墓的特征相似，也显示身份可能相当。

特别应提到的是，M502的墓室四角各发现木俑一个（图22），这在此前的西周墓葬发掘中从未见到，显然为一个新的考古发现。最高的两件达到了1米，由整块木头雕刻出头部与躯体，再以榫卯结构连接单独雕出手臂及足。并用黑色和红色涂抹出头发、皮肤、衣服和鞋子等。均作站立状，基本是两两成对，分别为双手持物状和捧物状，风格鲜明，造型独特。这无疑是国内首次发现的西周木俑，比战国楚地木俑早约300年，比秦始皇兵马俑早近600年。比孔夫子说"始作俑者，其无后乎"这句话的时间，也早了200多年。这一发现填补了西周以俑殉葬和木雕考古

图 22-1　M502 出土的木俑

图 22-2　M502 木俑出土状况

的空白，是研究我国丧葬制度、雕刻艺术史的重要资料。这也提醒我们，过去的考古工作中，是否有同类的遗物存在而被忽略的可能。

M28 出土的青铜铠甲，组合结构清楚，保存状况较好，可以复原成形。这为研究春秋早期军队的防护装备，提供了一个直观认识的机会。

大型墓葬还清理出保存稍好的漆木器，木胎已完全腐朽，但鬃漆部分尚好，计有俑、建鼓、鼖鼓、几、豆等，色彩主要为朱褐两色，特别是 M27 出土的漆木几（图23），色彩鲜艳，所绘制的图案为四个单元的龙纹，朱色打地，褐色龙纹，规矩谨严，为以往发现所仅见。众所周知，我国黄河流域两周时期的漆木器资料十分匮乏，梁带村墓地的这批实物，在关中地区"不干不湿"的环境下得以保存，极为难得，无疑为周代漆木器的研究增添了十分重要的资料。

墓地还出土了晋侯、毕伯、虢季、蓼伯等人物铸作的青铜器（图24），可知芮国在西周晚期到春秋早期阶段，参与过许多重要国族的活动。这增加了我们对周代贵族社交范围的了解。

作者单位：陕西省考古研究院

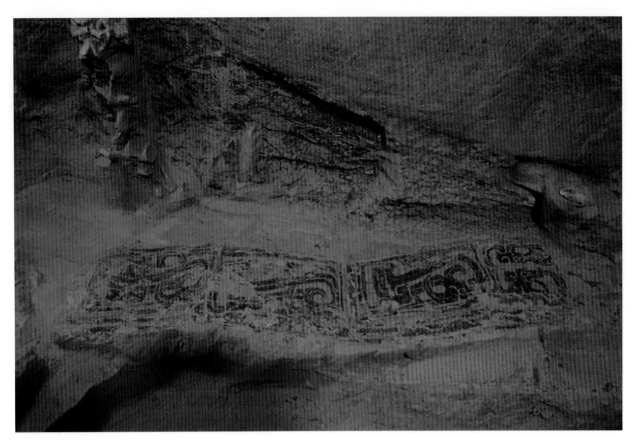

图 23　M27 出土的漆木几

图 24-1　M18 出土虢季鼎

图 24-2　虢季鼎内铭文

考古学视野下的两周史

◎ 李伯谦

公元前 1046 年 1 月，周武王率领西土联军在朝歌与商纣王军队决战，一举击溃纣军杀掉纣王，推翻有近六百年历史的商朝，建立周朝，在中国古代历史上开启了一个波澜壮阔长达八百年的新时期。周朝分西周、东周，东周又分春秋和战国两个阶段。

一

周族长期生活在今陕西与甘肃两省交界一带的戎狄部族之间，至古公亶父时摆脱戎狄族的控制，率领自己的族人南下，越过梁山和漆水定居于周原（图1）。周原位于今陕西岐山和扶风两县交界处，经过三代不到一百年的经营，周原已发展成一个筑有城郭宫室，农业、手工业比较发达的都邑。考古工作者在号称周人老家的周原作了大量调查发掘工作，发现有先周和西周时期的宫室建筑基址（图2）、窖穴、铸铜、制骨等作坊址及墓葬，出土了许多精美的青铜器（图3）、玉器、骨蚌器、陶器和甲骨文，证明周原不仅是周人灭商前的政治中心，而且在建立西周王朝之后直至

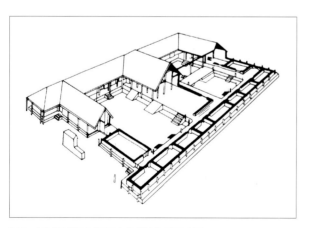

图2　周原凤雏西周甲组建筑基址复原示意图

图3　周原庄白一号窖藏

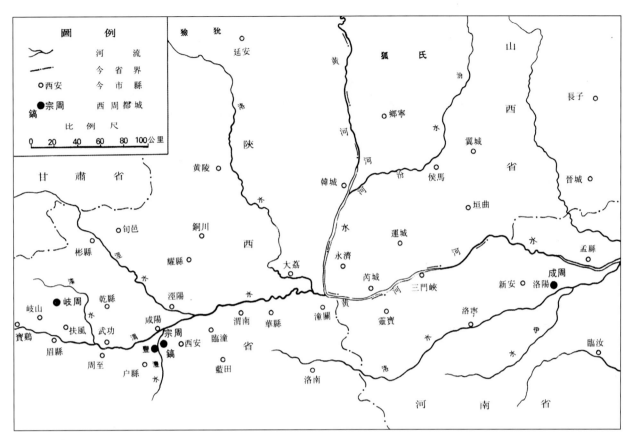

图 1　周原位置图

图 4　周原出土"彝文武帝乙宗"卜甲

东迁洛邑（今河南洛阳）以前，这里长期是周人宗庙所在地和姬姓周人及异姓高等级贵族聚居之所。

从古公亶父经季历至昌，周人一直是商王朝的附庸，周原凤雏出土的一片龟甲上，刻有周人祭祀商王祖先文武帝乙的内容（图4），足证周人曾向商王俯首称臣。随着实力不断增强，周人遂生灭商之心，昌自称文王，并把都城由周原迁至丰（今西安南郊沣河西岸），称丰京，作灭商的准备。文王死后，他的儿子武王发将都城扩至沣河东岸的镐，称镐京，并最终灭掉商朝。1976年陕西临潼零口出土一件青铜簋，铸造簋的人叫利，就称作利簋（图5），利簋铭文记

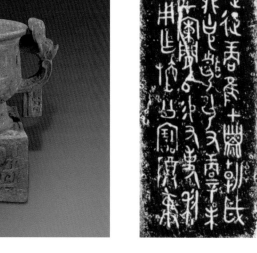

图5　利簋及铭文

录了武王征商的过程。

　　西周历时275年，有十一代十二王，即武王—成王—康王—昭王—穆王—恭王—懿王—孝王—夷王—厉王—宣王—幽王，孝王是恭王的弟弟懿王的叔叔。周原庄白一号窖藏出土的墙盘（图6）和宝鸡眉县出土的逨盘（图7）铭文证明司马迁《史记·周本纪》所记周王世系的可信。

　　武王灭商后，就如何巩固新生政权，在比灭商前扩大好多倍的广大领土上实行有效的统治，吸取商亡的教训，采取了四项重大措施：

　　第一项措施，在洛阳建立东都。位于今西安市南面不远的镐京，是西周王朝的首都，但位置太过偏西，对于统治灭商后的广大领土鞭长莫及。周武王灭商返回镐京途中，在洛阳停留，考察了当地的地理形胜，遂决定将政治中心东移，在号称"天下之中"的洛阳建立东都。回到镐京后，他先派大臣召公前往考察，后又派周公负责营建，但不久武王去世，东都直到成王五年方才建成，称为成周。1963年，宝鸡贾村塬出土一件青铜尊，铸造这件尊的主人叫何，就称为何尊（图8）。何尊有120个字的铭文，记载了建筑成周城这件大事。成周遗址大体位于今洛阳瀍河两岸，目前已发掘出庞家沟贵族墓地、铸铜作坊遗址和祭祀遗迹，出土了许多精美的青铜器和铸铜的陶范，祭祀场发现有牛、马、猪和人等牺牲的骨架。成周虽是东都，但不仅建有王宫、太庙，还驻有军队，周王经常在这里发布政令，处理国事。在山西曲沃曲村北晋国墓地M6195出土的一件鼎上铸有"成周"铭文（图9），在北京房山琉璃河燕都发掘的一座灰坑出土的一片龟甲上刻有"成周"二字，足以证明成周的重要地位。

　　第二项措施，规范强化以嫡长子继承制为核心的宗法制度。商代王位继承流行"兄终弟及"制，往往因抢夺王位造成自相残杀。文献记载，商王仲丁以后"比九世乱"，国势大衰。周人接受这一教训，制订了比较严密的宗法制度，王位，侯位，乃至一个家庭，都实行父死子继，防止在继

图6 墙盘及铭文

图7 逨盘及铭文

图 8　何尊及铭文

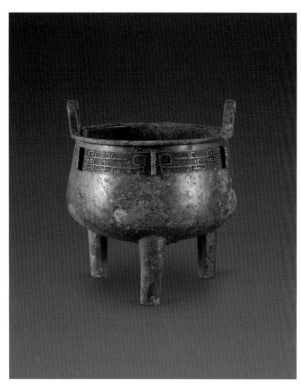

图 9　成周鼎

承问题上出现混乱。西周共有十二个王，除懿王将王位传给自己的叔叔孝王外，其他均为父子相继。

　　第三项措施，实行分封制。《左传》昭公二十六年说"昔武王克殷，成王靖四方，康王息民，并建母弟，以藩屏周。"《荀子·儒效》说周公"兼制天下，立七十一国，姬姓独居五十三人"。获分封为诸侯者，主要是王的兄弟和同姓族人，也有异姓大臣和黄帝、尧、舜诸先圣王之后代。目的是让他们同心协力，拱卫周室。这些分封到各地的诸侯，不仅会得到大片土地，还会有大批财物和各色人等的赏赐。《左传》定公四年记载分封周公为鲁公（周公留守京师以其子伯禽代封）时的赏赐，有大路（车）、旗、夏后氏玉璜、封父之繁弱，殷民六族及其分族和类丑，还有土田陪敦、祝、宗、卜、史以及备物、典册、官司、彝器。分封康叔至卫时的赏赐，有大路（车）、帛、靖筏、旗、钟和殷民七族，封畛土略，自武父以南及蒲田之北境，取于有阎之土以共王职，取于相土之东都以会王之东蒐；分封成王幼

图10　宜侯夨簋及铭文

弟叔虞为唐叔时的赏赐，有大路（车）、密须之鼓、沽洗及怀姓九宗、职官五正。文献上记载的分封，在考古上也得到了印证。1954年出土于江苏丹徒的宜侯夨簋（图10）铭文，记载了虞侯改封宜侯时，周王的赏赐"易（锡）在宜王人十又七生（姓）；易（锡）奠（郑）七白（伯），乎（其）盧□又五十夫；易（锡）宜庶人六百又（十）六夫。"1993年北京房山琉璃河燕侯墓M1193出土的克罍、克盉，铭文记载周王"命克侯于燕"，使"羌、马、叡、雩、驭、微"六族随克入燕，接受土地和原有的管理者。

　经过考古工作者数十年的努力，如今文献记载的西周早期分封的诸侯国许多已被发现。

　卫国，是武王弟康叔的封国（图11）。上世纪30年代，位于河南浚县辛村的卫国国君墓地已由中央研究院史语所考古组郭宝钧先生主持发掘，出土文物大部分现存台湾中研院史语所，郭宝钧先生根据自己的日记和部分拓片编辑出版有《浚县辛村》一书。

　鲁国，是周公的封国。鲁国早期都城的地望向有争议，至今尚无确指。不过西周中晚期至东周时期的都城（图12），在山东曲阜确已发掘到了，城址大体呈凸字形，除城墙、城壕，尚发现有宫殿建筑基址、手工业作坊址和贵族墓地。

　齐国，是异姓姜太公的封国。史载太公封于山东营丘，但其地不能确知。2008年，山东省文物考古研究所在高青县发掘一处西周早中期的城址，城内发现有祭坛、房址和墓葬。在一座编号M18的西周早期中型墓出土铜器上，有"丰启作厥祖甲齐公宝尊彝"、"丰启作文祖齐公尊彝"等铭文（图13），学者认为铭文中的"齐公"即指齐国的首封姜太公，铜器的作者是姜太公的孙辈，这是齐国早期铜器首次科学发现，为寻找营丘所在提供了线索。史载公元前859年齐献公将齐国都城迁至临淄，至前221年秦灭齐，临淄作为齐都长达600余年。经考古勘探发掘，春秋至战国时临淄齐都（图14）分小城和大城，面积约16平方千米，是当时诸侯国中规模较大的一座。城内有大型宫殿建筑基

图 11　康侯簋　出土于浚县卫国墓地，现藏于大英博物馆

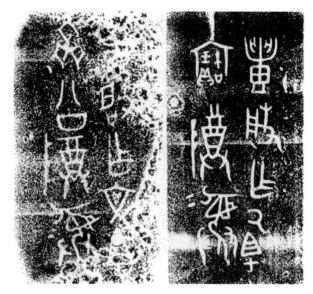

图 13　山东高青陈庄出土铜器部分已发表的铭文拓片
　　　左　卣底部铭文（M18:4）　右　簋底部铭文（M18:6）

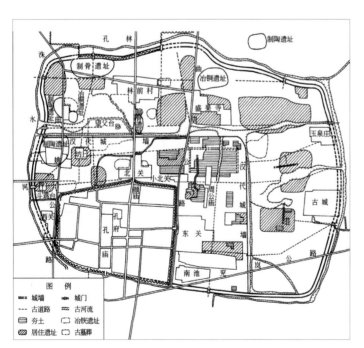

图 12　山东曲阜鲁国都城遗址分布示意图

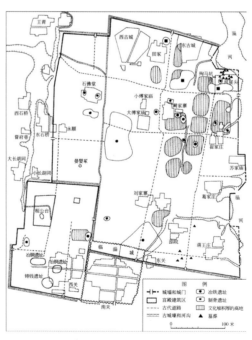

图 14　山东临淄齐国都城平面图

址和铸铜等手工业作坊遗址，出土了许多建筑构件和陶范。位于大城西墙北端的一处石砌排水涵洞，由进水道、过水道、出水道三部分组成，设计科学，壮观大方，为世界上同时代古城排水系统所罕见。

燕国，是召公奭的封国。召公亦为姬姓，是周初重臣之一。其始封之燕都已在北京市房山区琉璃河镇黄土坡村发现，城址略呈不规则的方形，南面城墙被大石河冲毁。宫殿基址位于城内中部偏北，高等级贵族墓地位于城东不远处。墓地分东、西两区，西区靠近东城墙，是姬姓周人的葬地；东区是异姓的包括归顺周人的殷遗贵族的葬地，有的墓有殉人和腰坑，是与西区明显的区别。编号为M1193的大墓是实际就封的燕侯克的墓，虽被盗，但仍留下了前面提到的克罍、克盉（图15）两件重器。燕国也曾多次迁都，战国时期的都城位于河北省易县，称为燕下都，城墙至今还在。

晋国，是西周成王时始封于唐的叔虞之子燮父徙封所建，叔虞所封的唐之具体地望尚在探寻之中。晋的都城就在山西曲沃与翼城两县交界之处的天马—曲村遗址，目前已发掘出9组晋侯及其夫人的墓葬，每位晋侯及其夫人的墓旁都附设一座车马坑，并有数目不等的陪葬墓和祭祀坑。根据墓葬墓位安排、墓坑及墓道形制、填土中积石积炭的有无与多少、随葬品组合及形制花纹等的变化，以及随葬青铜器上的铭文的研究，考古工作者已将北赵晋侯墓地推定为从晋侯燮父至文侯仇九代晋侯及夫人的墓地。墓葬中出土了大量铸造精美的青铜器和雕镂细致的玉器，2002年曾在上海博物馆"晋侯墓群出土文物精品展"上展出，其中晋侯稣编钟（图16）最为观众瞩目，其奏出的美妙乐曲，至今仍余音绕梁，不绝于耳。晋国最后的都城位于山西侯马市，上世纪60年代初作过大规模发掘，发现有宗庙祭祀遗迹、铸铜遗址和墓葬区。公元前403年韩、赵、魏三家分晋，

图15　克盉及铭文

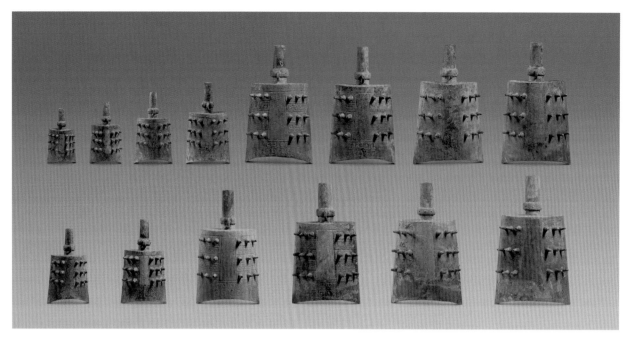

图16　上海博物馆藏晋侯稣钟

晋国绝祀，传统史家即将此年作为春秋、战国的分界。

芮国，姬姓，文献记载灭商之前文王曾断虞、芮之讼，可见芮是姬姓中历史相当古老的一支。芮的早期封地现在还不清楚，陕西韩城梁带村发现的芮公、芮太子及其家族墓地，时代从西周晚期至春秋，应是后由别处迁于此。墓葬中出土了许多精美的青铜器和玉器，玉器中有一些是早期遗留下来的，如红山文化的玉猪龙、齐家文化的玉琮、商代的玉兽面等。此外还有金器，如金剑鞘、金带饰等。经考古钻探，在墓地东面不远处有大范围的居住址，应是芮国都城的核心区。为庆祝上海博物馆成立六十周年，今年5月和8月将分别在馆内举办芮国出土文物精华展和学术讨论会。

西周的封国，主要是武王、成王、康王时所封，但也有时代较晚分封的。2003年陕西眉县杨家村出土的四十二年逨鼎铭文，即记宣王时曾封长父于杨为杨侯。西周王朝通过分封，形成了一套严密的环环相扣的统治网络。

第四项措施，实行五等爵制，建立礼乐制度。西周王朝为了别尊卑、明贵贱，规范贵族们的行为，防止以下乱上，在贵族阶层内部推行五等爵制和礼乐制度。

五等爵是将天子以下的贵族分为公、侯、伯、子、男五个等级。见于铭文中的某"公"，一般是指在中央王朝任职、奔走于王之左右的王室重臣，如周公、召公、毕公等。也有生称为"侯"的诸侯国国君死后称"公"的，如山东滕州发现的滕侯墓出土的滕侯簋，铭文为"滕侯作滕公宝尊彝"（图17），其中的"滕公"即是滕侯对其已逝的父亲的尊称（谥号）；山西曲沃北赵晋侯墓地M9，我们推定为晋国第三代国君武侯宁族之墓，其出土的一件圆鼎铭文为"作晋公宗室宝尊彝"，这里的"晋公"也应是晋武侯宁族对

图 17　滕侯簋及铭文

其已逝的父亲晋侯燮父的尊称。"侯"，一般多指分封至畿外的诸侯国国君，如燕侯、鲁侯、齐侯、蔡侯、晋侯、应侯、邢侯等。"伯"，一般多指畿内封君及其外小国之君，如山西绛县横水墓地的倗伯、翼城大河口墓地的霸伯等。子、男亦如是，只不过等级更低一些而已。

礼乐制度是按照天子、诸侯、卿、大夫、士不同职等制订的礼仪准则，体现在各个方面。考古学上最能反映这一点的是丧葬制度，例如四条墓道只有天子才能使用，这已由洛阳发现的推测可能是周平王墓的四条墓道大墓所证实；两条墓道和一条墓道一般只有诸侯和卿一级的人物才能使用，陕西西安沣西井叔家族墓和山西曲沃北赵晋侯墓即如是；士一般不设墓道。墓葬随葬器物组合，天子九鼎八簋，多套编钟；诸侯和卿七鼎六簋或五鼎四簋，一套编钟；士三鼎二簋或一鼎一簋，一般特钟一枚。当然，随着时代的前进，礼制也在发生变化，东周时期出现的所谓礼制僭越现象，实际上是应社会发展变化的结果。1993 年至 1997 年间，河南省文物考古研究所在郑国都城内发掘多处春秋早期祭祀遗迹，有马坑、青铜礼器坑、乐器坑（图18）等。多座礼器坑内埋 9 鼎 8 簋 9 鬲 2 方壶 1 圆壶 1 铺 1 鉴，乐器坑内埋镈钟一套 4 件、纽钟两套 20 件。1936 年发现的河南辉县甲、乙墓，甲墓随葬铜鼎多套，其中一套环纽盖鼎 9 件，铜钟有镈钟两套共 10 件、纽钟一套 8 件、甬钟一套 9 件，据研究该墓墓主或为晋卿范氏，时代已晚至春秋晚期。

西周王朝推行的一系列政策措施，在实行过程中虽时有损益，但基本上一直延续到东周时期，这些措施既强固了王权统治，也强固了各诸侯国的统治，促进了社会安定和经济、文化的发展，在许多方面为商代所望尘莫及。

图 18　新郑郑国祭祀坑 青铜礼器坑、乐器坑

二

　　两周时期社会的进步体现在许多方面：

　　第一，以土地国有的井田制为基础的助耕制，逐步为以土地私有为基础的一家一户为生产单位的税亩制所代替。国有土地慢慢私有化成为私有土地，生产方式也由集体耕作变成一家一户就是一个生产单位，种地交税就行，大大提高了生产积极性，促进社会财富有了大大增加。

　　第二，民族文化交流融合得到进一步扩大。西周王朝建立之后，其统治范围不仅超过了商朝版图，民族文化交流融合也有进一步扩大。燕国的分封，以姬周文化为核心逐步融合了原分布于今京、津、唐地区的张家园上层文化；齐、鲁的分封，在商文化影响基础上进一步加快了周系文化对东夷文化融和同化的速度；吴、越的建立，使长江下游地区逐步纳入了周文化影响范围；西周时期晋侯燮父和晋武侯宁族的墓穴内，既出有反映北方民族文化风格的青铜三足瓮、青铜双大耳罐，也出有南方烧制的原始青瓷器，表明当时文化交流之频繁。进入春秋战国时代，尽管战争不断，但并没有阻断列国之间的交流，反而起到了意想不到的促进作用。文献上讲到的孔夫子周游列国、苏秦挂六国相印……都是文化交流的实例。考古学上，在自称蛮夷的楚国地域内，发现了一批又一批竹简，大部分都是中原地区的典籍，表明中原文化在楚地也有一定程度的普及。楚文化随着楚势力的增强，也在许多方面影响到郑、蔡等中原各国。

　　第三，科学技术有了较大的发展。社会经济的发展必然促进科学技术的进步，科学技术的进步表现在各个方面：

　　从金属冶铸来看，铜的采矿、冶炼、铸造遗迹及遗物，在中原黄河流域、南方长江流域和北方辽河流域诸国都有发现，范围和发现的地点及数量大大超过以前，而且越来越多。湖北大冶铜绿山铜矿，发现有通向矿床的竖井、平巷（图19）、斜巷等多种坑道，排水的水槽，采矿的铜锛、木铲、木榫以及选矿的船形木斗等工具，表明两周时期的采矿技术已相当先进。春秋时期的山西侯马铸铜遗址，发现有炼铜炉、熔铜炉和成千上万件陶范和陶模（图20），陶范花纹雕刻细密精致，代表了当时青铜工业的最高水平。春秋晚期，铁器开始出现，至战国更由块炼铁发展为铸铁，大量铸造铁刀、铁镰、铁犁等工具，运用于农业生产，极大地提高

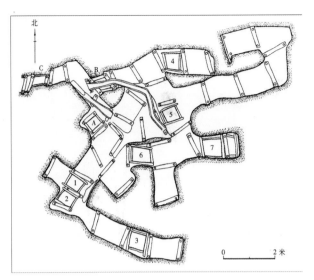

图19 大冶铜绿山矿冶遗址一组井巷平面图（局部）

图20 山西侯马出土的东周时期饕餮纹钟舞模

了农田开垦的速度，提高了农业生产的效率，促进了青铜时代向铁器时代的过渡。

从瓷器烧制来看，瓷器是中国的发明，早在夏代，人们就已学会烧制原始瓷器。商周时期烧造原始瓷器的窑址在浙江、江苏、江西、福建等省普遍有所发现。东周时期，原始瓷烧造技术达到很高水平，以江苏无锡鸿山贵族土墩墓出土者为代表，胎质纯净，釉质均匀，色彩明亮，和标准的瓷器已无多大区别，瓷器的种类不仅有日常生活用具的杯、盏、碗、盆，还有生产工具类的刀、镰，礼乐器的鼎、簋、钟、磬等。

从漆器制作来看，漆器虽然在新石器时代的浙江河姆渡文化中已有滥觞，但普遍出现却是在两周时期。北京房山琉璃河燕国墓地、山西曲沃北赵晋侯墓地、山西翼城大河口霸国墓地，以及春秋、战国时期的贵族墓葬中都有成组的漆器随葬，表明漆器在当时已成为贵族生活中不可或缺的东西（图21）。漆器的制作不仅追求实用，更追求美观，

在出土的漆器上，有的镶上海贝、蚌壳（图22）、甚至金箔，更多的是绘有细密的花纹，有的画出天穹的星象、山间的奔兽和现实生活中的楼宇人物，生动传神，漆器制作已成为一种技术含量很高的技艺。

其他诸如土木建筑、丝织品织造、玉雕、骨雕等，也都有不同程度的改进和提高。

第四、文化艺术由单调走向繁荣。

商代文化宗教色彩浓厚，甲骨文中就是占卜的记录，其中许多内容都与宗教祭祀有关。商周更替，思想观念逐步发生变化，由于周人重视宗法，在文化上也处处打上了这方面的烙印。例如，商代铜器上常见的族徽，到西周渐渐由减少走向消失，而为追念父祖作器强调"子子孙孙永宝用"的辞语则随处可见。和铜器铭文字数增加同步，不仅开始讲求行款、字体，也出现了韵文。清朝道光年间出土于陕西宝鸡虢镇的宣王时期虢季子白盘（图23），行款整齐，字体圆润，通篇有韵，是典型代表。东周时，随着诸侯国

图 21　湖北随州曾侯乙墓出土漆棺画　　　　图 22　梁带村芮国墓地出土带蚌泡的漆器

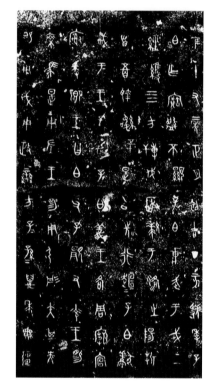

图 23　虢季子白盘及铭文

图 24 战国水陆攻战纹铜器及拓片

势力的增强，在文字上也出现了地方性差异，甚至形成了战国时秦系文字、楚系文字等的不同风格。

在思想观念上，随着西周以来形成的国家办学体制的渐趋解体，私人授徒现象开始出现，从而慢慢形成了儒、墨、道、法等不同学派百家争鸣的局面。

在艺术上，西周早期铜器上常见的以兽面纹、夔龙纹、凤鸟纹为主的构图，西周后期逐步过渡到以几何形的重圈纹、垂鳞纹、环带纹等为主体的纹饰。至春秋末更开始出现了写实的礼仪、宴乐、狩猎、水陆攻战等花纹（图24）。艺术上的百花齐放与学术思想上的百家争鸣互相促进，相得益彰。

三

西周早期实行的分封制，曾经对巩固新兴政权和对边远地区的开发及与当地部族的融合，起到了积极作用。但随着各封国力量的增强，与中央政权的离心力也越来越大，加上诸侯国之间的争斗和民族矛盾的加剧及自己内部的原因，中央王朝日渐式微，最后终于走向终点，由后崛起的秦国通过同各诸侯国的战争实现了新的统一。

著名考古学家苏秉琦先生将中国古代文明演进的历程分为古国、王国、帝国三个阶段，周代属于王国阶段的后期。周王朝应社会发展情势实行的各项政策措施，在一定程度上顺应了社会发展的需要，促进了社会、经济、文化发展和民族文化融合，为秦的统一和王国阶段向帝国阶段的转变奠定了坚实的基础。孔夫子总结商周历史异同变化发出的感叹"郁郁乎文哉，吾从周！"充分表明了周代在中国历史发展长河中的重要地位和所起的巨大作用。

（2012 年 4 月 8 日）

作者单位：北京大学震旦古代文明研究中心

近年发现的重要两周墓葬述评

◎ 刘 绪

近年来，接连不断地有重要两周墓葬发现，在中国各时期考古发掘成果中占有突出的地位，这里择其尤为重要者予以简单介绍，并谈点个人学习心得。为与标题中"近年"相符，所选墓葬，以 2005 年以来还在发掘或陆续开始发掘者为标准，共计 17 处墓地，其中西周 9 处，东周 8 处。由于有些墓地所在的遗址同时还有重要的居址遗存发现，作为与墓葬密切相关的成分，亦予简单提及。各墓地发现的信息很多，涉及范围较广，有些方面已有不少学者论及。限于个人能力，以下所述侧重于考古学方面，即使如此，也仅是蜻蜓点水，未能面面俱到，欠妥之处难免，望读者理解并赐教。

以下分西周与东周两部分介绍。

西周墓葬

一、岐山周公庙遗址西周墓葬 [1]

周公庙遗址（又名凤凰山遗址）位于广义周原的西部，东距狭义周原，即今岐山、扶风交界处的通常所谓的周原遗址约 30 千米；北依岐山支脉凤凰山；南去 4 千米即岐山县城（凤鸣镇）；西与凤翔之界紧邻。过去，在周公庙及其附近一带，如北郭、张家场、樊村、曹家沟、北寨子西沟、吴家庄、祝家巷子、八亩沟等地都有青铜器出土，时代属西周和先周时期。在周公庙遗址还曾发现用于大型建筑的砖、瓦材料，时代亦属西周或先周时期。这些只有高级贵族才能拥有的遗物表明这一带并非普通聚落，故而引起学术界的关注。有学者在二十年前就指出，北郭乡和周公庙一带是仅次于周原遗址的"又一个大型遗址区"，"是周人又一个主要活动地域"，同时认为周公采邑就在这里 [2]。2003 年冬，周原考古队为探寻先周都邑，在组织完成北京大学考古专业学生田野调查实习的教学任务时，把周公庙遗址作为调查的重点对象。经过为期 4 天的调查，取得重大收获，除对该遗址的内涵有了更加清晰的认识之外，采集到两块商周之际的刻辞卜甲 [3]，内容与"王"有关。其中一版刻辞中还有"哉死霸"内容，这一纪时词语在以往的文献与文字材料中未曾见过，为首次发现。另外，各甲字数之多在迄今发现的周系卜甲中亦极为罕见（最初采集的一片是现知周系甲骨中文字最多的一片，共 38 字）。凡此，都

图1 周公庙遗址庙王村西甲骨坑　　　　　　　　　　图2 陕西岐山周公庙夯土建筑基址局部

进一步证明周公庙遗址非同一般。鉴于此，2004年以来对该遗址进行了大规模调查、钻探与适当发掘，取得了一系列重要收获。比如，这里是迄今为止西周甲骨文出土最多的遗址，共见于8个地点（图1），出土卜骨与卜甲8000余片（块），其中有刻辞者780余片，文字2000余，字数之多超过以往全国所见西周甲骨文的总和。再如，这里还发掘了一处西周铸铜作坊（折树棱北的铸铜作坊），出土了大量陶范与铸铜工具。这是继洛阳北窑、周原李家遗址之后，又一处正式发掘的西周铸铜作坊。另外，在祝家巷北的一座先周晚期的灰坑中还发现了若干陶范，首次确认了先周文化的铸铜作坊遗存[4]。又如，这里还勘探出50余块大小不等、形状不同的夯土建筑基址（图2），发现大量先周和西周时期的砖、瓦。经发掘得知，这些建筑的时代属先周和西周时期。而可以肯定为先周时期的大型夯土建筑，周公庙遗址是首次发现[5]。当然这里还发现大量西周时期的墓地，包括现知西周时期规格最高的墓地。

周公庙共发现7处西周墓地（有的上限可到先周），发现墓葬近千座。这些墓地多位于遗址外围，有明显的等级之别，其中陵坡墓地规格最高，位于遗址之北"五爪梁"的"东一爪"山梁上，共探出各种形状的墓（可能含车马坑等）36座，其中有墓道的墓22座，包括10座四条墓道的墓。两周时期四墓道的墓以往在洛阳发掘一座，属春秋初年，发掘者疑为周平王之墓[6]；在秦都咸阳后的几处秦陵发现多座[7]，属战国末年至秦的秦王夫妇之墓。西周时期四墓道之墓尚未见过，因此，周公庙陵坡墓地是现知西周时期规格最高的墓地。2005年，发掘了位于墓地中部偏下的两座大墓LM18和LM32，分别是四条墓道和两条墓道的墓。两墓均遭盗劫，由墓葬结构与残余物可知，时代属西周中晚期[8]。据多方面信息推测，陵坡墓地的上限不早于西周早期。另外，在陵坡墓地的北、东、西三面还依山脊走势建有夯土陵垣，全长约1750余米。这是现知最早的陵垣。

周公庙遗址的性质，多数学者认为可能是周公的采邑。

在现知西周各遗址中，既有大型建筑基址与铸铜作坊，又有包括四墓道大型墓在内的各等级墓葬，还有较多甲骨文出土的遗址，唯周公庙遗址独领风骚，相信随着考古工作的进一步开展，还会有不少重大发现，对周文化与周史的研究必将产生重大影响。

二、岐山赵家台遗址西周墓地

赵家台遗址（又名孔头沟遗址）位于周公庙遗址与周原遗址之间，西距周公庙遗址约 8 千米，东距周原遗址约 11 千米。早在上世纪 70 年代，该遗址就出土过一件方座乳钉纹铜簋。80 年代末，陕西省的考古工作者就对该遗址进行过调查和试掘，取得不小收获。其中最引人注目的是发现了西周或先周时期烧制空心砖与条砖的陶窑，出土较多空心砖和条砖[9]。能够烧制这些高级建筑才能使用的建筑材料，表明该遗址等级也不一般。1999 年，我们在周原发掘期间，也到该遗址进行过调查，看到了多座烧砖的陶窑。2006 年初至 2008 年 5 月，为配合关中环线建设，周公庙考古队对该遗址进行了大范围调查，并对重点区域进行了钻探和有针对性的发掘[10]，除发现铸铜作坊、制陶作坊和制砖作坊外，还发现一处高等级墓地。

该墓地位于遗址偏北处，南北长约 300 米，东西宽约 200 米，总面积约 6 万平方米。根据详探范围内墓葬的密度估计，墓地可能有墓葬大约 900 座。整个墓地的年代从商周之际一直延续到西周晚期。

2007 年发掘了 20 余座墓葬及 3 座马坑，包括带一条墓道和带两条墓道的大型墓葬各 1 座。所有墓葬均为东西向。两座带墓道的大墓，主墓道亦在东。这与目前可以确认的所有带墓道的姬姓高级贵族墓主墓道在南的现象不同，至少在关中地区西周墓葬中十分罕见，此墓地很可能属非姬姓周人之墓地。若此，这两座带墓道之大墓是现知西周王畿内等级最高的非姬姓贵族之墓[11]。又由于墓葬中不见腰坑，罕见殉狗，与殷遗民墓葬习俗有别，故墓主可能是西土集团的成员。遗憾的是，该墓地的墓葬几乎全部被盗，两座大墓棺椁之内几被盗空，仅陈放在二层台与墓道下部的大量车轮保存较好，车上的青铜构件亦大部保留。这两座大墓的年代属西周中晚期。

赵家台遗址还未发现大型夯土建筑遗迹，根据上述有关方面的发现判断，该遗址应该存在大型建筑，这需要今后继续探寻。

综合赵家台遗址各方面重要发现，可知该遗址也是西周时期王畿内的一处重要采邑，采邑的主人乃非姬姓高级贵族。

三、山西绛县横水墓地[12]

横水墓地因位于山西绛县横水镇之北而得名，横水镇一度属闻喜县。这里居绛山之阳，地势高平而开阔，绛山之阴为曲沃和翼城县。该墓地前所未闻，2004 年，墓地因盗墓而发现，紧接着考古工作者就开始了抢救发掘。

墓地南北长约 1000 米，东西宽约 150 米，有墓 1200 余座，现已全部发掘完毕。墓葬的时代，从西周早期到春秋初年，延续时间较长。墓葬规模大、中、小都有，等级比较齐全，其中有墓道的大墓 3 座。更为难得的是，千余座墓大部保存完好，这在两周甚至三代墓葬发掘中是极为罕见的。

由于保存完好，各方面信息自然丰富多彩，且不说最为多数学者感兴趣的各类随葬品、铜器铭文以及保存尚好的"荒帷"(图3) 等，除此之外的其他方面，个人以为，有以下几点值得特别注意。

一是墓葬绝大部分为东西向，墓主头向多朝西，有墓道的大墓，墓道亦在墓室之西。二是大中型墓常见殉人，多者可达 7 人。三是大中型墓多有腰坑，坑内殉狗，个别殉人。四是不少男性墓墓主为俯身葬。五是部分大中型墓的口部四角有斜洞，有的在墓室之东还有两个与墓室东壁平行的柱洞。

上述五项中，二至四项是商代贵族墓葬和西周贵族级殷遗墓葬[13]常见习俗，在西周姬姓贵族墓中不见或极少见。至于第一项，尤其是高级贵族墓墓主头向西，亦不见于西周姬姓高级贵族墓葬。这些都说明该墓地不属姬姓墓地。

图3 绛县横水墓地出土的荒帷

图4 山西绛县横水墓地出土的带铭青铜卣

图5 山西翼城大河口西周墓地 M1 椁室

由墓地中夫妇并穴合葬（如 M1 与 M2）以及出土的大量铜器铭文得知，该墓地属"倗伯"家族墓地，倗属隗姓。他与姬姓等族通婚，符合当时同姓不婚的原则。考古现象与铜器铭文完全吻合（图4）。依文献记载，晋国始封时，曾有"怀（隗）姓九宗"。 1992 年范季融先生购赠上海博物馆的冒鼎铭文有"晋侯令冒追于倗"的内容 [14]，说明晋与倗相距不会太远。而绛县与曲沃县南北相邻，横水墓地北距天马—曲村遗址——晋国都城遗址确实不远，因此，可以认为，倗当是怀姓九宗之一。

第五项中所谓大中型墓墓口四角的斜洞，横水墓地是首次发现，而后不久也见于山西翼城大河口墓地和湖北随州叶家山墓地，其用途如何？苦思再三，难明究竟。而墓室东端的两个柱洞，位置与墓室东边平行、对称，相距很近，显然是墓葬的组成部分，惜其上无存。个人愚见，可能如照壁，抑或近似牌坊、门阙类设施，即文献中所谓"屏"或"树" [15]。总之，应属墓上标志。横水墓地有此标志的墓葬都为贵族墓，墓主头朝西。一般来说，头为上，足为下。躺下头西，坐起面东。比如西周姬姓贵族大墓，墓主头均朝北（个别例外，如晋侯 M91 和 M92），实际如同生前坐北朝南一样，主人面南而坐，进见者面北而立，即双方面对面。金文中常见某人"进门，立中庭，北乡"。就是说进门朝向主人。横水墓地这类墓的墓主头朝西，坐起则面朝东。所以，追悼者当面朝西。两个柱洞在墓室之东，恰与此相合。

四、山西翼城大河口西周墓地 [16]

大河口墓地位于翼城县城东约 6 千米，西距天马—曲村遗址约 18 千米。墓地座落在大河口村村北塬顶上，这里为浍河与其支流交汇的三角地带。此墓地亦不为人知，2007 年因被盗才发现并开始发掘，据勘探，墓地南北长 300 余米，东西宽 150 余米，有墓约 1500 座，车马坑 20

余座。至2011年5月，已发掘墓葬600余座，车马坑24座。所有墓葬均为长方形竖穴土坑墓，未见带墓道者。但墓葬规模亦有大、中、小之分，规模最大的墓，无论墓室面积，还是随葬品的丰盛程度，都与横水墓地等级最高的墓相当。已发掘的墓都保存完好，时代从西周早期到春秋初年。由此可知，大河口墓地的学术价值和意义与横水墓地同等重要。令人遗憾的是，自2011年夏停工以来，墓地已成盗墓贼的开发目标，估计破坏不少。据说考古单位已申请再次发掘。

大河口墓葬的主要特征，多与横水墓葬相同，如墓葬方向以东西向为主，墓主多头向西，南北向很少。部分大墓东部有车马坑。流行腰坑和殉狗。部分大墓墓口四角有斜洞等。但两墓地也稍有不同，如大河口墓地不见俯身葬，也不见殉人。依据这些特征，可知墓地所属族系亦非姬周系统。

高级贵族墓的随葬品非常丰富，可与天马一曲村晋侯夫妇墓以及横水佣伯夫妇墓媲美。以M1为例（图5），随葬青铜容器共67件，其中各种鼎24件、簋9件、鬲7件、甗8件、爵6件、卣4件、尊2件，还有甗、盘、盉、觚、罍、单耳罐、斗各一件。青铜乐器3组8件，青铜兵器30余件（不含铜镞），以及较多的青铜车马器和工具。此墓在二层台之上的四壁设有11个壁龛，内放不同类别的随葬品，有陶器、原始瓷器、漆器等。墓主足端二层台上还站立两个漆木人俑，高米余，与真人相当，足下各自踩有一只漆木龟，这是现知年代最早的漆木人俑，早于梁带村M502的漆木俑。

在墓地出土的大量青铜器铭文中，"霸伯"器物最多，还有"霸仲"之器，故此墓地应属霸氏家族墓地。因其葬俗不同于姬姓周族，而与横水佣伯墓葬相近，所以，霸氏之族很可能也是"怀姓九宗"之一。霸氏史无记载，1984年，在天马一曲村晋国邦墓区M6197出土一件霸伯铜簋，其上的铭文为"霸伯作宝尊彝"，时代属西周早期。M6197与

M6195是一对夫妇并穴合葬墓，东西向。M6197墓主是一25至30岁少妇，M6195墓主是一30岁左右壮男。夫人墓中出土霸伯铜器，说明这位女子可能来自霸伯家族，霸与晋应该是互为婚姻的，据说大河口墓地出土的铜器铭文中，有的提到晋国，也许可以得出更明确的结论。

据相关信息得知，墓地所出铜器铭文，有不少前所未见，内容还涉及到周王朝（包括周王、王室重臣芮公、井叔等）与霸伯的关系，涉及到当时的礼仪制度[17]。有些铜器还与晋国、燕国（燕侯旨）、佣伯有关。正如发掘者所说，霸伯和佣伯墓地的发现，对研究西周时期的分封制度、统治方略等具有重要意义。

五、天马一曲村遗址晋侯墓地一号车马坑[18]

天马一曲村遗址位于"河汾之东"的翼城县和曲沃县交界处，东距翼城县城约12千米；西南距侯马新田遗址约25千米。北倚塔儿山（又名崇山、乔山），南望绛山（又名紫金山），汾河在其西，浍河在其南。滏河从遗址东南边缘绕过。

1979年，北京大学历史系考古专业（现考古文博学院）和山西省文物工作委员会考古队（现山西省考古研究所）合作，进行了大规模调查与试掘。通过这次工作，对遗址内主要文化的分布、分期和特征有了一定的认识，并意识到了遗址的重要性。基此，从1980年开始，双方长期合作，大致每隔一年就进行一次大规模发掘，到1994年年底，共发掘12次，揭露面积2万余平方米。

其中墓葬共分两区，一区为晋侯墓地，位于遗址中部，其所在地今属北赵村。另一区为中小墓墓地，位于遗址西部边缘今曲村村北和村西。两处墓地相距约1200米。

晋侯墓地东西长约150米，南北宽约130米。共有大型墓葬9组19座，所属时代从西周早中期之交到春秋初年。其中有7座于上世纪90年代初遭受盗掘，1座于90年代

末被盗，其余11座保存完好。从1992年春开始，北京大学考古系和山西省考古研究所组成的考古队对其进行了连续抢救发掘，到2000年底，墓葬全部发掘。9组墓分南北3排。每组墓多由两座东西并列的墓组成，只有一组为3墓并列。根据部分人骨鉴定和墓葬规模、随葬品组合及有铭铜器得知，每组包括一位晋侯和一位夫人（或二位夫人）。19座墓中，一座无墓道，两座为"中"字形双墓道，另16座均为"甲"字形单墓道。每组墓墓室之东都有一座长方形车马坑，方向与墓室垂直，为南北或东西向。车马坑共发掘两座，分别是墓地中最大和最小者。其中最大的一座编为一号车马坑，属南排晋侯稣夫妇墓（M8和M31），其于2007年底完成发掘。

一号车马坑东西长21米余，南北宽近15米，是现知西周时期最大的车马坑。

坑内分东西两部分，中间以夯土墙相隔，东部置马，西部陈车（图6）。

东部之马均为处死后放入，相互叠压，纵横不一，比较杂乱，数量不少于105匹。经鉴定均为成年公马。这是迄今为止考古发掘的西周时期葬马数量最多的车马坑。驾车用公马，与文献记载相合。如《诗·小雅·四牡》云："四牡騑騑，周道倭迟"；《诗·小雅·车攻》云："我车既攻，我马既同；四牡庞庞，驾言徂东；田车既好，四牡孔阜，东有甫草，驾言行狩"；《诗·大雅·烝民》："四牡业业，征夫捷捷，每怀靡及；四牡彭彭，八鸾锵锵"等等。

西部陈车48辆，分6排，也是现知西周时期葬车最多的车马坑。这些车均为单辕（辀），軏东踵西。全部为整车放入，且保存较好，车舆结构不完全相同，有大有小。形状有横长方形，也有纵长方形，还有圆形。舆外有的包一层青铜甲片（图7），有的另加一重漆绘围板。有些方面为首次发现，为复原当时马车的结构提供了难得的材料。多数舆内还放有车马器与兵器，其中成束的箭镞放在车舆左

图6　天马—曲村遗址晋侯墓地一号车马坑车坑、马坑

图7　11号车左栏与左后栏装甲结构

图8　山西黎城西周墓出土楷侯铜壶及铭文

前方，戈或矛置于车舆右侧，这也与文献所载，车左主射，车右主击的情境相合。

此车马坑属晋侯稣，晋侯稣之事迹史书缺少记载，而晋侯稣墓出土的晋侯稣编钟铭文则记述了一部分，钟铭内容主要记录晋侯稣受王之命，率兵征伐夙夷，立下赫赫战功，因而得到周王重赏的事迹[19]。可见晋国在西周晚期兵力比较强盛，晋侯稣也是一位善于用兵的高手。现知规格最高的西周车马坑在他的墓旁出现，也就不足为奇了。

六、山西黎城西周墓[20]

黎城位于山西晋东南，长治市东北，东出太行山即达河北省涉县。据文献记载，"西伯戡黎"之黎就有一说在黎城。墓地位于县城西的西关村，因被盗而于2006年进行了局部钻探和抢救发掘。

在所钻探的40亩地范围内，有墓92座，其中有墓道的大墓3座，中型墓15座，其余为小型墓。这些墓在分布上看不出规律，比如三座大墓相距较远，未见平行并列。在发掘的10座墓中，大墓2座，中型墓5座，小墓3座。时代属西周晚期。

墓葬被盗严重。发掘的两座带墓道的大墓编号为M1和M10，均为"甲"字形单墓道墓，墓道朝南。M1椁内残存一些车马器，填土中有人骨，不知属墓主还是属殉人。在墓室东、西、北三面生土二层台上放有14个车轮。墓室与墓道相接处有3具车辕前部，可知车舆部分均放在椁顶上，先因棺椁塌落一并坠入椁内，后经盗扰便踪迹难寻。此墓至少葬有7辆车。10号大墓距1号大墓16米，墓道宽于墓室，墓道内葬马、牛、羊、狗等动物57具。一椁一棺。墓主身上残存少量玉器。

发掘的5座中型墓中，有3座未遭盗扰，其中M8较复杂，一椁三棺，每重棺下都铺有一个木质方格网架，每格10厘米见方，架上都铺有类似丝织品的编织物，每重棺外又都有两或三道麻绳捆扎，可谓"棺束"。这都是西周墓葬很少见的[21]。墓底有腰坑，坑内有狗。此墓共出青铜容器8件，鼎、甗、盘、匜各1件，壶、簋各2件，两件铜壶上有相同的铭文，为"楷侯宰□作宝壶永用"（图8）。据发掘负责人张崇宁先生和其他文字学家研究，楷即黎，此墓地应为黎国墓地。在现知带墓道的西周墓葬中，凡墓主身份明确的有两类人物，一是各国诸侯（包括与之并穴而葬的夫人），如卫侯、晋侯、燕侯、邢侯、应侯等，河南鹿邑太清宫"长子口"墓也属此类。二是王室重臣和重要采邑之封君，前者如沣西井叔墓（M157和M170等）；后者如宝鸡茹家庄强伯墓、横水佣伯墓等，山东高青陈庄两座带墓道的墓属此类。黎城西关中型墓葬有黎侯或黎侯之宰的铜器，则带墓道的大墓应该是黎侯或其夫人之墓，此处墓地是包括黎侯在内的黎国墓地。

黎侯墓地的发现，证明周代之黎国确在今黎城一带。至于此墓地分别开始和结束于何时，还需要从事更多的考古工作。据传，墓地附近于上世纪70年代曾出土过多件晚商铜器，也许文王所戡之黎即在此地，西周时又重新分封黎国于此，此墓地或始于西周早期。"楷"器传世不少，近年坊间也有流传，如1999年香港所见萫簋，后在新加坡展出，铭文提到楷与楷侯[22]。2008年在西安发现一件"楷大司徒仲车父簋"，今下落不明。这些楷器有的可以早到西周早中期，有的属西周晚期，不排除部分出自黎城西关黎侯墓地的可能。依发掘者介绍，墓地保存状况很差，自然冲沟较多，"许多墓圹悬挂在悬崖断壁上"。再加上当今盗墓贼的不断破坏，很可能不仅墓地的时限难以解决，即使其他诸多问题也会成为永久的悬案。

七、山东高青陈庄西周墓[23]

高青县位于黄河（古济水）之阴，河之阳为惠民、济阳县。陈庄遗址位于高青县南陈庄与唐口村之间的小清河北岸，面积约9万平方米，文化遗存以西周时期为主。因南水北调工程的水渠从遗址穿过，遂于2008—2010年进行了大规模勘探和抢救发掘。

现知重要发现均属周代，以西周时期为主。一是发现西周小城一座，城墙南北长186米，东西宽183米。仅在南面发现一门。墙外有隍壕环绕。二是在城内中南部，距南门不远处，发现一奇特的夯土台，性质属"坛"，或

图9　山东高青陈庄遗址周代房基

与祭祀有关。三是发现西周刻字卜甲一件（数字卦），为山东省第一次发现西周甲骨文。四是在城内发掘各类遗迹1500余个（图9），其中西周墓葬14座，车马坑1座、马坑5座。

在14座西周墓葬中，有两座是"甲"字形单墓道墓（M35、M36），3座为儿童瓮棺葬，其他属中小墓。两座"甲"字形墓偏北，其他墓葬与马坑、车马坑偏南。

两座"甲"字形墓显然是大家最关注的。据《考古》发表的有关专家笔谈介绍，两座"甲"字形墓的规模，与已知西周带墓道墓葬相比，均偏小。出土的青铜器也不太多。时代属西周中晚期之际。对于墓主的身份，学者们根据二墓的形制特征以及M35出土的铜簋铭文，发表了不同意见，或认为墓主为诸侯，即一代齐侯；或认为墓主为王朝卿士，即M35出土铜簋铭文中那位受王命率齐师名叫"引"的人。由于两座大墓墓主身份判断不一，自然会牵涉到对城址性质的推断也不相同。除这两座"甲"字形墓出土青铜礼器外，其他中小墓还有4座也出一些，其中有的铸有重要铭文，如M18就有7件铸有铭文，作"丰肇作厥祖甲齐公宝尊彝"，"丰肇作文祖齐公尊彝"，"丰肇作厥祖甲宝尊彝"

等。虽然学者对各条铭文中前两个字的解说略有分歧，但多认为是齐国公族成员，而且可能是太公之孙。因M18早于M35和M36，属西周早期晚段，这样一来，该遗址的性质就出现了更多的说法，总起来说，有认为是齐国西周早期以来的一处封邑，有认为是齐都营丘[24]或薄姑，还有认为是齐国陵园[25]。不管何种说法，都认为属于齐地，对此，大家基本形成了共识。这一点非常重要，它说明齐国的早期疆域往西确已到达济水流域（今黄河），往西与济水之阳的另一姜姓封国——"夆"国（刘台子遗址）相邻。据《左传》和《史记》载，齐太公曾得到周王的赐命，"东至海，西至河，南至穆陵，北至无棣"，这里所说的"西至河"，或指古济水。

陈庄遗址的发掘，居址方面的学术意义也很大，这里就略而不谈了。最后还想指出一点，就是有关那座已经发掘的车马坑（CMK1）的问题。有学者从现知墓葬与车马坑的布局上分析，认为该车马坑不属现知任何一墓，它所属的主墓应在其北，还未发现[26]。这一推断很有道理，笔者也曾有同样的想法。该坑之车马已搬迁至省博物馆展出，笔者近年前往参观，知该车马坑的时代属西周早期，即早于两座已发掘的"甲"字形墓，二者没有共时关系。而该车马坑规模偏大，所葬3辆车比较豪华，似不可能属M18等中小墓，而且在位置上也难与几座中小墓发生关联。按照两座"甲"字形墓南面有马坑随葬的规律，该车马坑的北面理应有一座大墓存在，他才是本车马坑的真正主人，身份更高。是否如此？有待今后的考古工作去证实。

八、湖北随州安居羊子山西周墓地[27]

安居镇羊子山东距随州市区约10多千米，2007年11月，羊子山鄂国墓再次被盗，当地文物单位进行了抢救性发掘，其中M4出土青铜礼器20余件，其上多有铭文，其中至少有5件属"鄂侯"之器，另外还有鄂仲所作之器。

图10　湖北随州安居羊子山西周墓地鄂侯方彝

时代属西周早期。这些铜器制作精美，在多类器物上铸有神面纹（或称人面纹），颇具特色，因而倍受学界关注。

羊子山以前就出土过鄂侯铜器，如1975年出土的一件尊，上有"鄂侯弟□季作旅彝"，与上博收藏的几件鄂器中的鄂侯弟□卣（或称觯）风格相同，二者当初属相配使用之器。据传上博之卣出自湖北，应该不误。另外，2008年澳门拍卖一件铜鼎，铭文为"鄂侯作宝尊彝"[28]。这些鄂国铜器都属西周早期，与羊子山M4时代相同，可见它们都应出自羊子山墓地。羊子山一系列鄂国铜器的出土为确定西周早期鄂国地望提供了证据。

关于鄂国的地望，在上世纪70年代以前说法不一，其中以河南南阳和湖北鄂城二说较为普遍，通常称之为西鄂说与东鄂说。此二说均属于或接近周王朝南国范围，与中甗、鄂侯驭方鼎及静方鼎等铭文所言大致相合。但究竟何者为是，都城何在，难以确指。1975年羊子山出土铸有"鄂侯"铭文的西周早期铜器后，于是有学者把目光投向随州一带，或者将随州划归西鄂的地域范围。现在，羊子山M4出土了更多的鄂国铜器（图10），该地在西周早期属鄂应该可以确定下来。有学者认为羊子山应为鄂国公室墓

图11 湖北随州叶家山西周遗址航拍全景

九、湖北随州叶家山西周墓

2011年上半年，湖北省文物考古研究所和随州市博物馆对位于随州市东北的叶家山西周墓地进行了抢救发掘，部分墓葬已发表了发掘简报，并有诸多学者以笔谈形式发表了看法[29]，多认为这是一处西周早期的包括曾侯在内的曾国公室墓地（图11）。

经勘探，叶家山墓地有墓80余座，除个别被扰乱外，都保存完好。其中一座有一条墓道，其他都是长方形竖穴。墓葬均为东西向。在已发掘的60余座墓中，其中两座有腰坑。墓葬大部分属西周早期，有多座墓葬出有曾侯所作之器，这成为确定其为曾国公室墓地的主要依据。若从墓葬的规模与随葬品的数量与精美程度来看，也可为这一结论提供依据。如发掘简报发表的M27为一女性墓，时代属西周早期。此墓墓口为长方形，东西长6.7～6.8米，南北宽4.9～4.95米，面积约33平方米。此面积与西周时期其他诸侯夫妇墓的墓室面积相比亦不算小。比如山西天马—曲村遗址晋侯墓地最早的一组晋侯夫妇墓M114和M113，时代约当西周早期偏晚，都有一个墓道位于墓室之南。M114为晋侯墓，有学者认为墓主人是晋侯燮父，此墓墓室口长5.5米，宽4.3米，面积约24平方米。M113为晋侯夫人墓，墓室口长4.24米，宽3.2米，面积约14平方米。再如河南上村岭相当于诸侯级别的虢季墓M2001，时当两周之际，墓室口长5.3米，宽3.55米，面积约19平方米。在周代，墓室规模从早到晚逐渐增大，夫妇墓的墓室规模，多数男性大于女性，个别相反。叶家山M27属西周早期，墓主还是女性，可其墓室面积尚大于晋侯燮父夫妇墓与虢季墓，即使考虑因地域之别可能会形成规模差异的因素，M27墓主作为一代曾侯之夫人墓也是合格的，其夫君曾侯之墓的规模应该更大。至于随葬品方面，因M27未全面发表，不便具体比较，据参观所见，无论类别、品位及数量，都不比它地所见诸侯夫人墓差。因此，叶家山墓地很可能是包括曾侯夫妇在内的

地，依现有考古材料看，羊子山墓地属鄂国公室墓地的可能是很大的，这种看法很值得重视。但该墓地是否一定包括鄂侯墓在内，还需要有更多的考古证据予以支持。到目前为止，还缺少有关M4等墓的详细报导，发表的材料仅限于铜器。如果M4规模较大，与已知的西周早期诸侯级墓相当，视之为一代鄂侯是完全可以的。若此，附近还应有类似的大墓，还应有鄂国都城，等等。这些方面的确定，涉及到鄂国腹心地区的定位，还与探讨周初汉阳诸国的政治格局有直接关系，这都有待开展更多的考古工作。总之，无论羊子山有无鄂侯墓和城址，这一带西周早期属鄂国疆域是可以成立的，也就是说，在西周早期汉阳（东）诸封国中，鄂国属其一，只不过鄂非姬姓封国，不属"诸姬"。鄂国的消亡年代，一般认为是西周晚期，即终结于鄂侯驭方，因西周晚期之后的鄂侯铜器还未发现。

此外，羊子山M4所出铜器上的"神面纹"，类似者在国内外以往也曾见过，其中最著名的就是保利博物馆于上世纪90年代末收藏的神面纹卣，因其纹样奇特，以往罕见，故保利之卣不少学者疑为伪器。羊子山M4铜器的出土，可以解除这种疑虑。

曾国公室墓地，最低也是仅次于诸侯一级的曾国贵族墓地。

如此，本墓地的发现为确定西周初年周王朝在汉阳（或汉东）的封国又增加一新的实例，也为确定周王朝南土疆界提供了新的依据。

关于叶家山曾国墓地的族系，目前多数学者认为不属姬姓[30]，即与以往所知西周晚期以来之姬姓曾国不同。对此，还需要更多的证据才能论定。

依历史文献记载，西周王朝在汉阳有较多封国，多为姬姓，史称"汉阳诸姬"（《左传》僖公二十八年）。至于这些封国具体始封于何时，确切位置在汉阳何处，文献缺少明确记载，不少学者依历史文献进行过探讨，兹不赘述。若就考古发现而言，现知至少可以确定有两个封国，其始封年代均为西周初年。一是上述羊子山一带的鄂国，再就是叶家山一带的曾国，但他们可能都不属姬姓。

以往在汉水之阳（东），特别是随枣走廊地区发现多处曾国墓地，出土大量曾国铜器。尤其是曾侯乙墓发现后，引起学术界广泛关注。因这些墓地和铜器的年代，最早者属西周晚期，其出现年代正好可与鄂国灭亡年代对接。所以有学者认为是曾取代了鄂，成为西周晚期以来汉阳（东）大国，并以为这个曾就是文献中的随。叶家山墓地的发现表明，曾国在随州一带的出现可早到西周初年，是与鄂国同时被封在汉水之阳的诸侯国。二者是同时并存关系，而非前后替代关系。

由于叶家山墓葬保存完好，获取信息自然非常全面，尤其是倍受普遍关注的随葬品，几乎能涵盖本阶段已知所有类别，即除大量各类青铜器外，还有丰富的玉器、陶器、原始瓷器和漆器等。我们知道，以往发掘的西周早期墓葬虽然很多，可一个墓地（零星发现的墓葬除外）能较完整地保存下来的很少，大部分遭受扰乱。在湖北，过去仅知黄陂鲁台山墓地，但鲁台山墓地无论墓地规模还是单个墓葬的规模都不及叶家山墓地规模大，出土物更没有叶家山

墓地丰富。湖北其他地点虽然出有西周早期铜器，甚至数量较多，如上述安居羊子山所见，但除铜器之外，有关墓葬的其他各方面信息都很少。在全国其他省区，保存完好的包括西周早期墓葬的墓地亦屈指可数，周王朝统治的腹心地区——关中与中原地区的西周墓几乎都遭盗掘。过去大凡涉及西周早期墓葬研究，可用的保存好的墓地材料有陕西宝鸡强伯墓地、泾阳高家堡戈族墓地、甘肃灵台黑伯墓地等，但这些墓地的规模没有叶家山墓地大。近年在山西和山东分别发掘有保存较好，并包括西周早期墓在内的西周墓地[31]，叶家山墓地是继这几处墓地之后又一处重要发现。从这一点来说，叶家山墓地不仅是现知湖北省保存最好、规模最大的西周早期墓地，即使在全国也是很少见的，进一步丰富了西周早期墓葬材料。

由于叶家山墓葬属于西周早期，故墓中所出器物，除前朝遗留者外，都是西周早期可靠的断代标准器，其中有些本地生产的器物便成为汉水中下游地区西周早期考古学文化的可靠标尺。铜器且不论，因为有很多学者会谈及。就陶器而言，叶家山西周早期墓的陶器年代明确，大多保存完好，组合清楚，显然可以作为汉水下游乃至中游地区西周早期陶器的标准器物。从地域上看，随州位于黄陂西北，距探索中的早期楚文化范围更近，因此，叶家山西周早期墓葬的陶器必然成为确定西周早期楚文化陶器的重要参照。

东周墓葬

一、曲沃羊舌晋侯墓地[32]

羊舌晋侯墓地位于天马—曲村遗址晋侯墓地东南的土岭上，二者相距约5千米，隔滏河相望。该墓地亦前所未闻，2003年因被盗才发现。2005年，山西省考古研究所和曲沃县文物单位组织进行考古钻探和发掘，得知墓地范围东西长300米，南北400米。整个墓地分南北两部分，北部为

图 12 山西曲沃羊舌墓地 M1、M2 发掘现场

图 13 羊舌墓地 M1 内的积石结构

大墓分布区，南部为中小墓分布区。

北区大墓共有两组 5 座，均为 "中" 字形双墓道大墓，东面还有一座车马坑。2005 年发掘了东面一组两座，即 M1 和 M2。西面一组三座至今未发掘。南区中小墓已知有近百座，实际可能更多，发掘了其中数座。所有墓葬的时代均属春秋时期。

发掘的一组大型墓——M1 和 M2 东西并列，南北向，主墓道朝南。M1 居东，稍大；M2 居西，较 M1 稍小。两墓的总体规模与天马—曲村晋侯墓相当而略大。墓葬被盗严重，但尚有劫余。如 M1 出有陶鬲、石磬，墓主身上的玉器还存留不少，而且在墓主人的腰部还有一件三角形金带饰，据以往所见，这种腰带饰或铜质、或金质、或玉石质，仅见于男性墓，女性墓不见，因此，可以肯定 M1 墓主为男性。M2 葬品所剩无几，有陶鬲 1 件，玉器中有几件是动物造型，有兔、虎、龙等，形态特征与天马—曲村遗址晋侯夫人墓 M63 所见相似。依这些随葬品可知，二墓属春秋早期，年代恰与天马—曲村晋侯墓相接。根据两墓排列方位、大小关系及各方面特征，与天马—曲村遗址晋侯夫妇墓完全相同，因此，M2 应该是 M1 的夫人墓，也就是说，这两座墓是一对夫妇并穴墓（图 12）。

二墓均有积石积炭（图 13），均在墓室南部和南墓道上发现大量祭祀坑，共有 227 座。这些祭祀坑互有打破关系，表明非一次形成。坑内牺牲有马、牛、羊、狗和人等。其中人 10 具，其余以马最多。这些现象也都见于天马—曲村晋侯墓地。在天马—曲村晋侯墓地，积石出现于西周晚期，积石的构建范围逐渐增加，显得越来越复杂，到最晚一代晋侯墓——M93 构建最为复杂，而羊舌两墓的积石与晋侯墓 M93 几乎完全相同。积炭在天马—曲村晋侯墓地出现于西周中期，最初仅见于墓底（M6）[33]，到晚期部分墓已很典型，见于椁室四周与上下，羊舌两墓的积炭也与天马—曲村西周晚期晋侯夫妇墓的相同。至于祭祀坑，天马—曲村晋侯墓地也有发现，见于最晚的三组晋侯夫妇墓，变化趋势是越来越多。羊舌两墓祭祀坑的位置与祭牲类别均与之相同，唯数量更多。

总之，从时代上看，两处墓地前后相衔；从规模与等级上看，两墓地相当，羊舌二墓规模稍大与其时代稍晚有关，这与周代墓葬规模的演变规律相合。因此，羊舌墓地的两组大墓，应是继天马—曲村晋侯墓地之后的两代晋侯夫妇墓。至于具体是谁，学界意见不一，或曰文侯夫妇，或曰昭侯夫妇，还有以为是曲沃桓叔或庄伯，等等。

二、陕西韩城梁带村春秋墓地 [34]

陕西韩城梁带村春秋墓地的详细情况以及相关问题的研究，兹不多赘。以下补充两点以引起今后重视。

一是早期芮国在哪里。

梁带村墓地已发掘多个地点，现有材料表明，墓地约始于西周晚期，结束于春秋早中期之际，即下限接近或相当于芮、梁灭国的年代。由7座带墓道大墓来看，应属国君级人物（含其夫人）的墓葬。也就是说，墓地若属芮，则是一处包括芮国国君夫妇在内的墓地。墓地东、南有居址发现，时代与墓地相当，可能是他们的居地所在。整个遗址乃芮国晚期居邑。

依历史文献和出土金文材料，芮国起始的年代很早。历史文献中以虞、芮争田之事最为著名，时在商代末年，也可以说属先周晚期。《书·顾命》记成王病危时，"乃同召太保奭、芮伯、彤伯、毕公、卫侯、毛公、师氏、虎臣、百尹、御事"，交待后事。说明西周早期芮仍存在，只不过这位芮伯是身在王室的重要人物，他与文王时候的芮未必同姓，但其封邑应在芮。在金文材料中，保利博物馆收藏的荣仲方鼎铭文也提到"芮伯"，时代属西周早期，也许就是《顾命》中的那位芮伯。上述大河口霸伯墓地新出铜簋铭文提到"芮公舍霸马两"等等，时代属西周中期早段，此位芮公的身份也不低，位在霸伯之上。美籍华人范季融先生所藏芮伯方座簋，时属西周中期，方座簋亦非一般贵族所能有。可见，在历史文献与金文材料中，西周早中期的芮伯（或芮公）等级很高，在周王朝的政治体系中占有重要一席。综合分析这些文献和文字记载，此时之芮，地近王都（如文王之丰），也距霸伯、虞国之地不远。传统的说法，或在陕西大荔，或在山西芮城，两地都符合上述条件。所以，西周早中期之芮，应在韩城以南黄河两岸求之。至于为什么到西周晚期迁到韩城梁带村？则也是需要探讨的问题。

二是周代梁国在何处。

在历史文献记载中，韩城属梁，而不属芮，这也是以往学术界的普遍认识。梁带村墓地发掘后，多数学者认为这里属芮，不属梁，少数学者认为还有探讨的余地，不排除属梁的可能 [35]。整个局面大有颠覆传统说法之势。

我以为这两种说法并不冲突，可以兼而有之。梁带墓地属芮不属梁，除墓地出土铜器铭文多见芮器，不见梁器的理由外，还有两点与梁不符，一是位置不符，按文献记载，少梁城在韩城西南，而不是在韩城东北的梁带村附近。二是梁为嬴姓，与秦同姓，其墓葬方向应与秦墓方向——东西向相同，可梁带村墓为南北向。其他方面也与秦墓有很大不同。而芮属姬姓，梁带村墓葬习俗多与姬姓墓相同。但是，梁带村属芮，不等于韩城全境都属芮，有如前述鄂与曾都在随州一样，这种情况很可能也存在于韩城。依文献记载，少梁城在韩城西南二十二里处，那么这里有无与之相符的考古遗存？这是解决问题的关键。2009年5月，陕西省考古研究院梁带村墓地发掘队领队孙秉君先生组织了一次调查，北京大学考古文博学院有多位研究生参加，据孙秉君队长介绍，在韩城市西南约20千米的陶渠村村北有一处墓地，调查时尚有很多盗洞，在盗墓贼翻出的墓土中，捡到多枚石贝、碎玉器和玛瑙珠，石贝的特征与梁带墓所见相同。在村民家里还见到传出于本墓地的铜戈一件，直援，直边三角锋，为两周之际铜戈的典型特征，墓地的时代显然属周代。孙队长在本次调查之前，还在本墓地北部探出一座"甲"字形单墓道大墓，墓室深约14米，说明墓地的规格很高。更值得注意的是，这座墓葬是东西向，墓道朝东，恰与嬴秦之墓向相同。这是一个非常重要的信息，如果钻探不误，此墓地最大可能就是包括梁国国君在内的梁国墓地了。若此，梁在韩城之说还是可靠的。总之，目前还不能完全否定梁在韩城说，究竟如何，希望能在陶渠墓地早日开展发掘工作，以白真相。

图 14　甘肃礼县大堡子山祭祀遗址乐器坑（K5）全景

三、甘肃礼县大堡子山早期秦文化乐器坑⁽³⁶⁾

自 2004 年始，由全国 5 所考古单位（甘肃省考古研究所、陕西省考古研究院、国家博物馆、西北大学、北京大学）组成的早期秦文化研究课题组在甘肃东部开展了大量工作，其中在西犬丘之地，今甘肃礼县发现三座周代城址，均为山城，初步判断它们的始建年代，有的可早至西周晚期（西山山城），有的属春秋时期（大堡子山山城）。在 2006 年的发掘中，还发掘出一座大型府库建筑和一座乐器坑（图14）。

大型建筑结构特殊，平面为南北纵长方形，长 107 米，宽 16.4 米，状甚长，规模较大。东西为墙，似无门，二墙之间正中有一排纵向柱础，计 18 个。柱础间隔约 5 米。本建筑形制与结构特别，与以往所见府库建筑近似，如山西侯马北坞东周古城的府库建筑基址⁽³⁷⁾，故应该是府库建筑。

乐器坑（K5）位于上世纪 90 年代初被盗，后经考古发掘的两座"中"字形大墓西南 20 米处，与大墓平行。其性质虽有不同看法，但都认为与两座大墓有直接关系，即因大墓而设。该坑东西长 8.8 米，南北宽 2.1 米，残深 1.1～1.6 米。坑内乐器分两排摆放，北侧放石磬与磬架，石磬共 2 组 10 件，似悬挂在同一磬架上放入。南侧放青铜钟镈与钟架，青铜镈共 3 件，均于部朝下成一列直立于西端，其旁还有 3 件铜虎，似悬挂之用；青铜甬钟 8 件，西与铜镈成列，侧倒放于钟架旁。本坑时代与大墓相同，即属春秋早期。石磬 10 件和甬钟 8 件都是两周之际常见组合，唯 3 件铜镈较为特别，最重要的是其中一件镈上有铭文，乃"秦子"所铸，铭文云："秦子作宝龢钟，以其三镈，厥音鑅鑅濰濰，秦子畯（素命）在位，眉寿万年无疆"（图15）。秦子之器，此前已有发现，其人何许，学界讨论较多，众说纷纭。由此还涉及到两座"中"字形大墓墓主的推断。有关这些方面讨论，比较复杂，兹不一一介绍，具体可看近年赵化成等先生论文⁽³⁸⁾。这里仅就 3 件镈钟谈点想法。

秦子镈铭文明确说作镈钟 3 件，这在其他所有编钟铭文中是很少见的，说明秦国春秋早期编镈是 3 件一套，以往在宝鸡太公庙出土的 3 件秦公镈（此秦公多认为是秦武公）也是一套完整的组合。更早的编镈是陕西眉县杨家村窖藏所出，亦为 3 件，属西周中晚期之际。看来，早期编镈以 3 件为定制，秦与周相同。不过，这 3 套早期编镈都出在西部地区，在关东地区，还未发现春秋早期及以前的编镈⁽³⁹⁾，关东地区最早的编镈属春秋中、晚期，已见多套，均以 4 件为常数，如新郑 9 座乐器坑各 4 件；旧叶县墓出 4 件；滕州庄里西出 4 件等等。再后，一套镈钟之数便没有了规律，约春战之交的太原赵卿墓就出了 19 件，甚为特别。

从时代上看，似有从 3 件一套发展到 4 件一套的变化，但也不排除西部与东部存在地域之别，这有待更多的发现才能证明。

图 15 秦子镈及铭文

四、甘肃张家川马家塬战国墓 (40)

马家塬墓地位于甘肃东部张家川回族自治县县城西北约17千米的塬上，2006年，盗墓团伙被破获，得知此处墓地，遂开始抢救发掘，到2011年底，基本发掘完毕。

这批墓葬有诸多特殊之处，令人耳目一新。如绝大部分为竖穴土洞墓，少数竖穴无洞室。在洞室墓中，墓道和土洞墓室既非平行式，也非直线式，而作垂直式，即墓道为东西向，墓室为南北向，墓室开在墓道北壁东半，墓主头朝北。墓道西端多有不实用的象征性台阶若干（图16）。在较大的墓中，墓道与墓室内均随葬完整的车子。这些车种类多样，车舆与车轮上有青铜、玉石、黄金等装饰，奢侈华丽（图17）。大墓墓主往往随葬很多金银装饰，如 M16 墓主为一 40 岁左右男子，头部周围撒有金花，头顶上有圆形金饰件，脖子上有很大的半环形金、

银项饰各一，耳上戴制作精美的金耳环，右臂有金臂钏，腰部系三条金腰带，包括体量硕大的金带钩，足穿银底鞋一双。此男子显然属高级贵族成员。墓中普遍随葬牛头、马头、羊头和前蹄。其他随葬品有青铜容器、车马器、玻璃器（釉陶？）、陶器（其中有铲足鬲）等。有的明显来自其他地区，文化因素构成复杂。墓地时代属战国晚期。

由上述各方面特征可以看出，该墓地的葬俗既不同于秦墓，也不同于周系统墓葬，而具有浓厚的自身特征，有的葬俗见于北方、西方文化中。正如发掘简报所说，墓地的成员应属西戎的一支。

与马家塬墓地特征相同的墓地，近年在甘肃东部地区还发现有几处 (41)。这些墓地以全新的材料展现了战国西戎文化的特征，将有力地推动与西戎有关的各方面研究。

五、河南新郑胡庄战国韩王陵[42]

胡庄战国韩王陵位于河南新郑东周郑韩故城之西，因南水北调中线干渠从陵区穿过，2006至2009年对其进行了发掘。

胡庄韩王陵由三重兆沟和其内的两座"中"字形大墓组成一独立陵园。三重兆沟近长方形，对边平行，重重相套。南部中间都未挖通，当为通道。沟与沟间距20米左右。最外一重兆沟（G3）保存较好，南北长约237米，东西宽约165米，横断面呈倒梯形，口宽4米左右，底宽0.3米，最深达5米。兆沟内的两座大墓平行并列，主墓道朝南，其上均有封土以及墓上建筑。M2在西，墓圹通长78米，墓室南北长26米，东西宽36.5米。M1在东，墓圹面积较M2稍小。两墓早年被盗，残留物甚少，其中铜鼎和扣器的银箍上可见刻铭，有"王后"、"王后官"、"太后"等，其他铜器上还有"少府"、"左库"等。由这些刻铭内容以及墓葬的规模可知，这应是一代韩王与王后之独立陵园。类似的陵园在附近有10余处，共同组成韩国公墓区。

胡庄韩王陵虽被盗严重，但仍有以下几方面非常重要。

一是内外相套的三重兆沟为首次发现，它不同于雍城秦公陵园之兆沟，也不同于秦都咸阳后的几处秦陵[43]和临淄"四王冢"齐王陵以及绍兴印山越王陵之兆沟。胡庄韩王陵兆沟的发现，为今后勘探和发掘战国诸侯国君的陵墓提出了警示，即不仅要注意墓葬本身，还要注意墓葬外围设施——兆沟（或陵垣），并注意兆沟（或陵垣）的布局与重数。

二是墓上有高大的封土——坟丘，其中王陵封土高10米，其上更有建筑遗存（夫人墓封土上也应有，现不存）（图18）。封土也近"中"字形，不同于同时期它处所见之坟丘形状。在坟丘半腰存有柱洞和用河卵石铺的石散水，丘上及周围有大量筒瓦、板瓦残片。从残存的部分柱灰上的红漆痕分析，当时柱子上髹有红漆。散水内侧封土立面发现涂有颜色，底色白，表色红。说明坟丘上原有木构建筑，瓦顶，立面

图16 甘肃张家川马家塬战国墓 M3 全景

图17 马家塬战国墓 M3-1 号车轮

图18 河南新郑胡庄战国韩王陵封土与墓道全景

外表呈红色，与灵寿中山王𰀀墓墓上建筑外观呈白色有别。

三是墓壁绘有图案，椁上有木构"房屋"状建筑。前者见于辉县固围战国大墓；后者发掘简报称为"椁室建筑"，见于山西新绛柳泉和洛阳西郊战国大墓，但这两例远没有胡庄者保存完好。"房屋"状建筑或许与"墙柳"有关。

四是在 M2 封土西侧发现大型夯土建筑基址，发掘简报称为"陵旁建筑"。这也是今后从事陵墓勘探与发掘时要注意的。按照中山王𰀀墓所出"兆域图"所示，在坟丘的后面，即北面，依内宫垣墙外设计有四个"宫"的建筑。只是因该图的规划设计未完全落实，仅埋葬了中山王𰀀（M1）和哀后（M2）就停工了。此四"宫"属陵内建筑，位置与胡庄略有不同，性质应该是相同的，说明胡庄的"陵旁建筑"未必是特例。

东周各诸侯国国君大墓（包括战国诸侯王王陵）发掘不多，大凡研究东周陵墓，胡庄韩王陵的材料是必不可少的。

六、安徽蚌埠双墩一号墓 [44]

蚌埠双墩墓位于蚌埠市区淮河以北 3 千米双墩村内，该村因有南北两座高大的封土墩而得名。一号墓即北面一墩（图 19）。2005 年，此墓被盗未遂，于是安徽省文物考古研究所等单位在 2006—2008 年进行了抢救发掘。

该墓形制结构颇为特殊，诸多方面前所未见（图 20）。墓室为圆形竖穴土坑，口径 20.2 米，朝东有一短墓道，有台阶 14 级。墓室有生土二层台，台面宽 1.8 米。墓室底径约

图 19　安徽蚌埠双墩 M1 圆形墓坑鸟瞰

14米。墓主葬墓底中部，有一棺一椁，东西向，仅存几颗牙齿。其东、西、北三面各有3个殉人；南面1个殉人，此殉人之南是器物和动物坑。殉人也有棺，窄长，勉强容身。

墓内填土未经夯打，从墓口到二层台的填土，随深度不同而出现三种现象，第一种现象在上，即距墓口0.7米厚的填土，是由颜色深浅不同的花土填成如轮辐般"放射线形状"，"放射线"共20条。其下为第二种现象，是在距墓口深0.7～1.4米厚的位置分散地放置"土偶"1000多个，并沿周壁堆筑18个大小不等的土丘。再下是第三种现象，即沿二层台内缘垒砌"土偶"墙。

在墓口外围，用细腻的纯白色土铺垫一与墓口呈同心圆状的圆圈，白色土厚0.2～0.3米，圆圈外径与墓上封土底径相当，约60米。封土圆形，现高9米。

墓内出土物有青铜礼乐器、兵器、车马器、石磬、漆器、陶器、玉器和动物骨骼等，大部分放在器物坑内。其中青铜礼器有，鼎5件、瑚4件、豆（也可称簠）2件、罍2件，以及甗、盘、匜、盉、盒等。有两件瑚上有铭文，为"唯王正月初吉丁亥，童丽（钟离）君柏，择其吉金，作其食瑚"。乐器有编钟（属纽钟）9件，石编磬两组12件。9件编钟的钲部有相同的铭文，为"唯王正月初吉丁亥，童丽（钟离）君柏，作其行钟，童丽之金"。因随葬品有兵器戈戟、短剑和较多铜镞，推测墓主应为男性。发掘者根据墓葬规模、较多的殉人和丰富的随葬品，认为墓主人很可能就是铭文中的钟离君柏，所言可取。

图20　双墩M1底部结构

在双墩一号墓发掘之前，类似之墓在蚌埠之东不远的凤阳县下庄已有发掘[45]，保存状况没有双墩一号墓好。这两座墓都属春秋中晚期之交，距钟离国灭亡不远。

由两座墓葬的特征可以看出，虽然多方面显得个性极强，但也显现出与江淮地区同时期其他大型墓葬的共性，比如墓葬东西向，墓道位于墓室之东；墓内体量大的随葬品单设器物坑陈放，而不是放在棺椁之间；多见殉人；多种器物形态见于本地区，等等。即使铜器铭文对国君的称谓，也与江淮地区部分诸侯国国君相同，常常称为"某君"，双墩一号墓铜器铭文称"钟离君"，其他诸侯国如河南光山的黄君、潢川的番君、信阳的樊君等。

有关钟离国的历史，文献记载甚少，蚌埠双墩一号墓和凤阳县下庄一号墓的发掘就显得尤为重要。

七、江西靖安李洲坳大墓[46]

靖安县在江西省西北部，为丘陵地区，李洲坳山属水口村李家自然村，东距县城约 10 千米。大墓位于李洲坳山东麓，2007 年，江西省文物考古研究所对其进行了发掘。时代属春秋晚期。

该墓是一座有封土的大型土墩墓，封土底近圆形，直径 30～35 米，高 12 米。墓圹位于封土下，为竖穴土坑，墓室呈长方形，南北长 14.5 米，东西宽 11.3～11.7 米，口至底深约 4 米。墓道朝东，设在墓室东壁偏南处，斜坡状，宽 3.2 米，残长 5 米，方向 85°。

墓室底部先铺厚约半米的青膏泥，其上又铺席子，席上放置 47 具木棺（图21）。木棺之间与盖上再填覆青膏泥，再往上用颜色不同的土夯填至墓口。墓口以上即高 12 米的封土，封土可分五层，最下两层——第 5、第 4 层以及第 2 层都含有青膏泥。由于木棺上下与周围以青膏泥封护，故有 20 多具木棺保存较好，部分棺内尸骨与随葬品也保存很好。

图21　江西靖安李洲坳大墓墓葬底部木棺

图22　竹笥（G4:11）

在 47 具木棺中，仅一具有椁（G47），且体量最大，位置相对独立，应为墓主之棺椁。其余 46 具均为单棺。木棺之棺身与棺盖均用独木挖成，断面各呈半圆，扣合呈整圆。每棺一人，可鉴定之人骨均为青年女性，年龄 15 ～ 25 岁，部分有发髻、发带。随葬品主要放在棺内，少数在棺外，共约 650 余件，计有竹木器（图22）、漆器、青铜器、玉器、原始瓷器、金饰之器和丝织品（含真丝）等。部分保存极好，新鲜如初。所有木棺为一次放入，也就是说有 46 人属"从死"的人殉。

墓葬各方面特征表明，此墓属越系墓葬，如用独木棺、葬漆木短剑和越式铜鼎等，都是越系墓葬的典型特征。又因此墓规模大，殉人之多为长江流域之最，其墓主很可能是一方首领。以往也曾发掘过大型越墓，有的甚至被确定为越王墓，如印山大墓，但因被盗，遗物甚少，李洲坳大墓的发掘丰富了越系高级贵族墓的材料。

八、湖北荆州熊家冢墓地 [47]

熊家冢墓地位于荆州市与当阳市交界的川店镇张场村，东南距纪南城 26 千米。2006 年以来，荆州博物馆对该墓地进行了大规模连续发掘。墓地由主冢、陪冢、排葬坑 [48]、祭祀坑、车马坑和马坑等组成。时代属战国早中期。基本情况如下。

主冢：其上原有高大的封土，上世纪 70 年代修漳河水库干渠时从墓上穿过，所剩不多。经钻探得知，冢下为"甲"字形墓圹，墓室在西，口东西长 67 米，南北宽 70 米。墓道朝东，长 36 米，宽 6 ～ 36 米。墓圹全长逾百米。方向 96°。墓口至椁顶深 14.5 米。是现知规模最大的楚墓 [49]，其面积比以往所知规模最大的楚王墓——寿县楚王墓大三倍多。

陪冢：在主冢之北，二者紧邻且平行并列，相距约 14 米。陪墓亦"甲"字形，墓道朝东。墓室口东西长 36 米，南北宽 30 米。

排葬坑：位于主、陪冢的南北两侧，南侧多，北侧少。其中南侧 92 座，分为 4 列 24 排，分布在南北长近 300 米的范围内，各坑形制、方向、规模相当，间距相若，排列整齐。北侧不少于 35 座。如此之多的排葬坑亦前所未见，应属陪葬墓。2007 年前，南侧发掘了 36 座，其中 1 座葬狗，35 座葬人。葬具均一棺一椁。葬品有玉石器，种类多样。铜器有带钩 22、剑 3、钏 1 件。陶器有埙 2 件。还有铁带钩 1 件。这些陪葬墓墓主似有性别、身份之不同，如第 17 排以北，即近主冢者，葬玉器多，不见兵器；第 17 排以南者，葬玉器少，往往出铜剑。

车马坑：位于二冢之西，位置与其他大型楚墓相同。车马坑有大小之别，大者一座（CHMK1）（图23），小者 39 座。大车马坑南北长 132.4 米，东西宽 11.4 ～ 12 米，东坑壁和西坑壁各有 3 个通道。坑底局部有矮墙隔梁，将车马分成 3 个单元。坑内纵放两排车，轭东踵西。在已发掘的 79 米长的范围内，有车 43 辆（图24），马 164 匹。马为处死后放在辕的两侧，一车多为 4 马，也有 2 马或 6 马的。本车马坑是现知最长的车马坑 [50]。若坑内所葬车马密度均衡，依发掘部分车马之数推测，全坑共有车 70 余辆，马 270 余匹，是现知葬车与马最多的车马坑。

小车马坑共 39 座，其中 38 座在大车马坑之西，分两排与大车马坑平行布列；1 座位于大车马坑之东。小车马坑已发掘 5 座，每坑 1 车 2 马，亦轭东踵西。

另外，在主墓南面、主墓与陪墓间以及车马坑北面还有大量祭祀坑，共计 190 余座，多为圆形，少数为方形。祭祀坑深 6 ～ 8 米，一般底上有一件玉器。

以上各方面表明，熊家冢墓地无疑是一代楚王及其王后之陵墓。考古发掘所获，再现了战国时期楚王陵墓的实况，让我们看到了楚王陵墓的独特之处，其学术意义之重要不言而喻。

图 23　湖北荆州熊家冢墓地车马坑 CHMK1 发掘部分场景　　　图 24　熊家冢墓地 CHMK1:CH34 车伞杆上纹饰

除上述 17 处墓地之外，还有一些发现也很重要，因报道简单不便详说和分析探讨，这里仅列举大概，以备参考。

2009 年，洛阳文物工作队在河南科技大学林业职业学院基建工地发掘一处包括墓葬在内的祭祀遗址[51]，其中在 22 座灰坑中出有完整的不同动物骨骼和人骨，均属牺牲。时代属西周。我们知道，西周祭祀现象发现甚少，而人祭更为罕见，周人不行人殉人祭之制，此乃殷人之俗。这次发现，再次证明洛阳确有殷遗存在，周王朝对殷人的习俗未加干预，采取放任与宽容的态度。

2008 年 12 月，河南淇县宋庄东周墓被盗，2009 年进行了发掘[52]。墓地位于淇河西岸，经探，发现各时期墓 104 座，其中 60 余座属东周时期。东周墓葬有 7 座是"甲"字形大墓，沿河分布一列，等级很高。大墓为东西向，墓道在东，墓室在西。有殉人，有腰坑。棺椁有边箱，用以放随葬品。有的还随葬大量动物骨骼。未盗者中有 5 鼎墓。铜器纹样比较特别，陶器亦较特殊。时代为春秋晚期或稍早。依其特征，不属姬姓，但属赵？抑或属狄？还是其他非姬姓贵族？需要进一步探讨。

2009 年，雍城秦公陵园又有新发现[53]，即在一号陵园中兆沟外侧东北方向探出 446 座中小墓，时代与该陵同时或较晚。在 6 号陵园中兆沟外侧西面探出 703 座与该陵同时或晚于该陵的中小墓。这是以往不清楚的，说明在秦公陵园内也有其他等级人物的墓葬存在，成片而相对集中地分布在诸分陵园之间。

2005—2006 年，在福建浦城县管九村发掘一批土墩墓，时代属商周时期，应为早期越墓。这是福建首次发现土墩墓，扩大了土墩墓的分布范围。

附记：本文初稿完成后，多处得到冯峰博士的修正，特此感谢。

（2012 年 2 月 21 日）

作者单位：北京大学中国考古学研究中心

(1) A、徐天进：《陕西岐山周公庙遗址》，《2005 中国重要考古发现》第 63-69 页，文物出版社，2006 年。

B、凤凰山（周公庙）考古队（刘静）：《2004 年夏凤凰山（周公庙）遗址调查报告》，《古代文明》（第 6 卷）第 273-324 页，文物出版社，2007 年。

C、《周公庙西周墓葬群重大发现专家谈》，《文博》2004 年第 5 期。

D、考古队内部资料。

(2) 曹玮：《太王都邑与周公封邑》，《考古与文物》1993 年第 3 期。

(3) 孙庆伟：《"周公庙遗址新出甲骨座谈会"纪要》，北京大学震旦古代文明研究中心编《古代文明通讯》总第二十期。

(4) 种建荣、雷兴山：《先周文化铸铜遗存的确认及其意义》，《中国文物报》2007 年 11 月 30 日。

(5) 岐山凤雏建筑的时代有争议。

(6) 2002 年发掘，见洛阳市文物工作队：《洛阳体育场路东周墓发掘简报》，《文物》2011 年第 5 期。

(7) 有临潼芷阳秦东陵、咸阳塬秦陵和西安神禾塬秦陵。

(8) LM18 劫余物有玉覆面构件、波带纹车軎等，都不早于西周中期。

(9) 陕西省考古研究所宝鸡工作站、宝鸡市考古工作队：《陕西岐山赵家台遗址试掘简报》，《考古与文物》1994 年第 2 期。

(10) A、种建荣、张敏、雷兴山：《岐山孔头沟遗址商周时期聚落性质初探》，《文博》2007 年第 5 期。

B、种建荣、雷兴山：《孔头沟遗址商末周初遗存与先周文化探索》，《考古与文物》2009 年第 3 期。

(11) 宝鸡茹家庄两座带墓道西周墓亦属非姬姓墓，但规模小于赵家台二墓。

(12) A、宋建忠等：《山西绛县横水西周墓地》，《2005 中国重要考古发现》第 70-77 页，文物出版社，2006 年。

B、山西省考古研究所等：《山西绛县横水西周墓发掘简报》，《文物》2006 年第 8 期。

(13) 这里所谓殷遗不限于子姓殷人，指广义殷遗。

(14) 马承源：《新获西周青铜器研究二则》，《上海博物馆集刊》第六期第 150-154 页，上海古籍出版社，1992 年 10 月。

(15) 《礼记·郊特牲》："台门而旅树，反（土占）。"郑注："旅，道也。屏谓之树。礼，天子外屏，诸侯内屏，大夫以簾，士以帏"。

(16) A、谢尧亭、王金平：《山西翼城大河口西周墓地》，《2008 中国重要考古发现》第 54-57 页，文物出版社，2009 年。

B、又见《中国文物报》2008 年 7 月 4 日。

C、山西省考古研究所大河口墓地联合考古队：《山西翼城县大河口西周墓地》，《考古》2011 年第 7 期。

D、卫康叔：《大河口西周墓地》，《中华遗产》2011 年第 3 期（总第 65 期）。

(17) A、李学勤：《翼城大河口尚盂铭文试释》，《文物》2011 年第 9 期。

B、孙庆伟：《尚盂铭文与周代的聘礼》，复旦大学出土文献与古文字研究中心网，2012 年 1 月 1 日。

(18) A、吉琨璋：《北赵晋侯墓地一号车马坑》，《2006 中国重要考古发现》第 65-68 页，文物出版社，2007 年。

B、山西省考古研究所、北京大学考古文博学院：《山西北赵晋侯墓地一号车马坑发掘简报》，《文物》2010 年第 2 期。

(19) 马承源：《晋侯稣编钟》，《上海博物馆集刊》第七期，上海书画出版社，1996年。

(20) 张崇宁：《山西黎城黎国墓地》，《2007中国重要考古发现》第40-45页，文物出版社，2008年。

(21) 棺底之网架，梁带墓地也有发现，大同小异；棺束在楚墓多见。

(22) 李学勤：《菁簋铭文考释》，《故宫博物院院刊》2001年第1期。

(23) A、郑同修、高明奎、魏成敏：《山东高青陈庄西周城址发掘》，《2009中国重要考古发现》第38-43页，文物出版社，2010年。

B、山东省文物考古研究所：《山东高青县陈庄西周遗址》，《考古》2010年第8期。

C、山东省文物考古研究所：《山东高青县陈庄西周遗存发掘简报》，《考古》2011年第2期。

D、李学勤等：《山东高青县陈庄西周遗址笔谈》，《考古》2011年第2期。

E、见山东省博物馆陈列。

(24) 王恩田：《高青陈庄西周遗址与齐都营丘》，《管子学刊》2010年第3期。

(25) 任相宏、张光明：《高青陈庄遗址M18出土丰簋铭文考释及相关问题探讨》，《管子学刊》2010年第2期。

(26) 任相宏、张光明：《高青陈庄遗址M18出土丰簋铭文考释及相关问题探讨》，《管子学刊》2010年第2期。

(27) A、随州市博物馆：《随州出土文物精粹》，文物出版社，2009年1月。

B、张昌平：《论随州羊子山新出鄂国青铜器》，《文物》2011年第11期。

(28) 李学勤：《由新见青铜器看西周早期的鄂、曾、楚》，《文物》2010年第1期。

(29) A、湖北省文物考古研究所、随州市博物馆：《湖北随州叶家山西周墓地发掘简报》，《文物》2011年第11期。

B、李学勤等：《湖北随州叶家山西周墓地笔谈》，《文物》2011年第11期。

C、湖北省文物考古研究所、随州市博物馆：《湖北随州叶家山M65发掘简报》，《江汉考古》2011年第3期。

D、黄凤春、卫康叔：《叶家山与"曾国之谜"》，《中华遗产》2012年第1期。

(30) A、参见李学勤等：《湖北随州叶家山西周墓地笔谈》，《文物》2011年第11期。

B、杨升南：《叶家山曾侯家族墓地曾国的族属》，《中国文物报》2011年11月2日第3版。

(31) 山西有绛县横水倗伯墓地、翼城县大河口霸伯墓地；山东有滕州前掌大墓地、高青县陈庄齐国墓地。另在河南鹿邑发掘有西周初年"长子口"墓，但仅一座。

(32) A、吉琨璋：《山西曲沃羊舌发掘的又一处晋侯墓地》，《2006中国重要考古发现》第69-74页，文物出版社，2007年。

B、山西省考古研究所、曲沃县文物局：《山西曲沃羊舌晋侯墓地发掘简报》，《文物》2009年第1期。

(33) 此与沣西井叔墓所见相同，时代也相近，都是现知周代最早的积炭墓。

(34) A、孙秉君等：《陕西韩城梁带村两周遗址》，《2005中国重要考古发现》第78-84页，文物出版社，2006年。

B、张天恩、吕智荣：《陕西韩城梁带村2007年考古发掘》，《2007中国重要考古发现》第46-51页，文物出版社，2008 年。

C、陕西省考古研究所等：《陕西韩城梁带村遗址 M26 发掘简报》，《文物》2008 年第 1 期。又 M19、M27 发掘简报分别见《考古与文物》2007 年第 1、6 期。

D、陕西省考古研究院：《陕西韩城市梁带村芮国墓地 M28 的发掘》，《考古》2009 年第 4 期。

E、陕西省考古研究院等：《陕西韩城梁带村墓地北区 2007 年发掘简报》，《文物》2010 年第 6 期。

F、陕西省考古研究院等：《梁带村芮国墓地——二〇〇七年度发掘报告》，文物出版社，2010 年。

(35) A、陕西省考古研究院商周研究室、《考古与文物》编辑部：《陕西韩城市梁带村周墓发掘座谈纪要》，《考古与文物》2006 年第 2 期。

B、张懋镕：《芮国铜器初探——附论陕西韩城梁带村墓地的国别》，《中原文物》2008 年第 2 期。

(36) A、赵化成、王辉：《甘肃礼县大堡子山遗址》，《2006 中国重要考古发现》第 74-77 页，文物出版社，2007 年。

B、早期秦文化联合考古队曹大志：《甘肃礼县三座周代城址调查报告》，《古代文明》（第 7 卷）第 333-362 页，文物出版社，2008 年。

C、早期秦文化联合考古队：《2006 年甘肃礼县大堡子山 21 号建筑基址发掘简报》，《文物》2008 年第 11 期第 4-13 页；《2006 年甘肃礼县大堡子山祭祀遗迹发掘简报》，《文物》2008 年第 11 期第 14-29 页；《2006 年甘肃礼县大堡子山东周墓葬发掘简报》，《文物》2008 年第 11 期第 30-49 页。

(37) 更早的府库建筑还见于偃师商城，形制与结构也和大堡子山的近似。这几处府库的位置都位于城内一隅。

(38) 赵化成、王辉、韦正：《礼县大堡子山秦子"乐器坑"相关问题探讨》，《文物》2008 年第 11 期。

(39) 单件铸钟还有更早的，如新干大洋洲之镈、传出周原任家的克镈、随州毛家冲之镈等，不成编，不论。

(40) A、周广济：《甘肃张家川马家塬战国时期墓葬》，《2006 中国重要考古发现》第 91-98 页，文物出版社，2007 年。

B、周广济：《甘肃张家川马家塬墓地 2008 年发掘》，《2008 中国重要考古发现》第 94-97 页，文物出版社，2009 年。

C、甘肃省文物考古研究所、张家川回族自治县博物馆：《2006 年度甘肃张家川回族自治县马家塬战国墓地发掘简报》，《文物》2008 年第 9 期。

D、早期秦文化联合考古队、张家川回族自治县博物馆：《张家川马家塬战国墓地 2007-2008 年发掘简报》，《文物》2009 年第 10 期。

E、早期秦文化联合考古队、张家川回族自治县博物馆：《张家川马家塬战国墓地 2008-2009 年发掘简报》，《文物》2010 年第 10 期。

F、王辉等：《甘肃张家川马家塬和秦安县王家洼西戎贵族墓》，《2010 中国重要考古发现》第 81-85 页，文物出版社，2011 年。

(41) 甘肃王辉先生见告。

(42) 河南省文物考古研究所：《河南新郑胡庄韩王陵考古发现概述》，《华夏考古》2009 年第 3 期。许岗墓又见《中原文物》87 年 4 期；《楚文化研究论集》第六集马俊才文。

(43) 有临潼芷阳秦东陵、咸阳塬秦陵和西安神禾塬秦陵，都有兆沟。

(44) A、阚绪杭、周群、钱仁发：《安徽蚌埠双墩一号春秋墓葬》，《2008 中国重要考古发现》第 62-67 页，文物出版社，2009 年。又见：《中国文物报》2007 年 8 月 3 日和 2007 年 12 月 14 日。

B、安徽省文物考古研究所、蚌埠市博物馆：《安徽蚌埠市双墩一号春秋墓葬》，《考古》2009 年第 7 期。

C、安徽省文物考古研究所、蚌埠市博物馆：《安徽蚌埠双墩一号春秋墓发掘简报》，《文物》2010 年第 3 期。

(45) 安徽省文物考古研究所、凤阳县文物管理所：《安徽凤阳卞庄一号春秋墓发掘简报》，《文物》2009 年第 8 期。2007 施工发现，并被盗，同年发掘。仅存底部，亦为圆形。墓主居中，周有殉人和器物坑。随葬品较多，有青铜礼器、乐器、兵器、车马等。其中镈钟有铭文，作器者是"童丽公柏之季子康"。

(46) A、徐长青、余江安：《江西靖安李洲坳东周墓葬》，《2007 中国重要考古发现》第 56-61 页，文物出版社，2008 年。

B、江西省文物考古研究所：《江西靖安县李洲坳东周墓葬》，《考古》2008 年第 7 期。

C、江西省文物考古研究所、靖安县博物馆：《江西靖安李洲坳东周墓发掘简报》，《文物》2009 年第 2 期。

(47) A、荆州博物馆：《湖北荆州熊家冢墓地考古发掘简讯》，《江汉考古》2008 年第 2 期。

B、荆州博物馆：《湖北荆州熊家冢墓地 2006-2007 年发掘简报》，《文物》2009 年第 4 期。

C、荆州博物馆：《湖北荆州熊家冢墓地 2008 年发掘简报》，《文物》2011 年第 2 期。

(48) 类似者过去在纪山古墓群大薛家洼墓地见过，即

主、陪墓旁有较多的排葬坑。见郭德维《楚系墓葬研究》。

(49) 以往所知规模最大的楚墓是安徽寿县李三孤堆楚王墓（多以为是幽王墓），墓室面积 41.2×40.2 米，其次是江陵天星观一号墓，墓室面积 41.2×37.2 米，其他如枣阳九连墩一号墓（38.1×34.8 米）、淮阳平粮台马鞍冢楚王墓都小于此。若仅从墓室口部面积看，也大于凤翔秦公一号墓墓室（58×38 米）。

(50) 秦公一号大墓的车马坑为 87×26 米，即 2262 平方米，是现知面积最大者，仅发掘了上部填土。熊家冢一号车马坑面积约 1580 平方米。据安徽张钟云先生见告，寿县楚王墓之西也探出有 2 车马坑，大者在东，长 90 余米，宽约 11 米。

(51) 石艳艳：《洛阳中周东路北西周祭祀坑发掘》，《2009 中国重要考古发现》第 53-55 页，文物出版社，2010 年。

(52) 韩朝会、贾连敏：《河南淇县宋庄墓地》，国家文物局主编：《2009 中国重要考古发现》第 64-68 页，文物出版社，2010 年。

(53) 田亚岐、耿庆刚、袁文君：《雍城秦公陵园 2009 年考古勘探新发现》，《2009 中国重要考古发现》第 7-75 页，文物出版社，2010 年。

韩城、龙门山与黄河

◎ 唐晓峰

韩城我没有去过，但在我心里，它却不是一处陌生的地方。首先是因为，它是司马迁的故乡。司马迁 10 岁以前，一直在韩城（当时叫夏阳）老家。

韩城北面不远就是龙门，司马迁后来对龙门的描述，我深信不疑，因为那是他的热土（native land），当地人对于龙门的理解，比其他人更可靠。

司马迁关于龙门的描述，从历史地理的角度来说，最重要的是《史记·货殖列传》中的"龙门、碣石北多马、牛、羊、旃裘、筋角。"司马迁少时，曾"耕牧河山之阳"，对于"河山"南部的农业活动已然熟悉，而北部的畜牧人群，也是交往的邻居，司马迁关于那里的知识应该是准确的。

司马迁在《货殖列传》中将中国分为四个大经济区，即山东、山西、江南、龙门碣石以北。历史地理学家史念海先生十分重视司马迁的这个关于经济大区的描述。这四个经济区域，从战国时形成，一直延续到西汉前期。其中讲的第四个经济区域，在龙门——碣石之北。龙门即今韩城市和山西河津市黄河两侧的龙门山。碣石，也是山名，在今河北省昌黎。由这里的碣石山向西南画一条曲线，及于龙门山下，这条线以北的物产和其他三个经济区迥然不同，

多畜牧业产品，如马、牛、羊、旃裘、筋角等。司马迁所提出的龙门碣石一线，是古代农业地区和半农半牧地区的重要分界线。

关于龙门碣石以北这个经济区的确认，意义很大，是我们今天研究环境变迁的重要历史信息依据。龙门到碣石这条分界线的提出，反映了司马迁敏锐的地理观察力，这条线不是一条因山河走向形成的易于辨别的天然界线，而是纯粹的人文活动界线，发现它，要有对人类活动区域的宏观把握。

在黄河所经各地段，龙门是一个景观奇特的地方。有人说龙门是黄河的咽喉，此处两面大山，高岩壁立，状尽斧（图1）。其上游为山陕峡谷，黄河夹中，到龙门时，河宽不足百米。然而在这里，河水破"门"奔腾而出，突然进入平原区，河床一下展宽十数里。黄河景观在龙门上下判然不同。传说，龙门为大禹治水所凿，故又称禹门。这种将山河奇景归功于上古英雄圣贤的故事，是一种文化创造。"黄河西来决昆仑，咆哮万里触龙门"，这是李白对黄河龙门的绝唱。

黄河出龙门之后，水流和缓开阔，而这段河道恰位于

秦（陕西）、晋（山西）两大古文化区的平坦对接的地段，因此人文意义极不寻常。从中国早期的历史地理来看，这段黄河正处在华夏文明中的腹心地带。所谓"华夏"，华是指华山，夏是指夏朝，这二者正在此段黄河的东西两岸（华山在其西，夏人核心区在其东）。自文明的初期开始，这一带就生出不少圣贤的传说。

因为华山与黄河比邻，这里遂成为古人"观山川"的真正去处。山乃华岳，川乃大河，二者均列中华山川文化之最，所以，同一刻将二者并收眼底，不由得产生至高的天下江山的感怀。谭嗣同在这里作《潼关》诗："河流大野犹嫌束，山入潼关不解平。"

战国初期著名军事家吴起曾与魏武侯在这里浮河而下，船到中流，武侯环顾四方，为景色所动，而对吴起曰："美哉乎山河之固，此魏国之宝也！"吴起则答道："在德不在险。"由军事家讲出这句话，分量很重。据说吴起正是在镇守西河地区时写出了《吴子兵法》。

司马迁生活在龙门下、黄河边，处于中华文明的核心区，一定听闻不少重要的历史传说、历史故事。可以设想，它们也培育了少年司马迁的历史兴趣。

古人对于黄河的崇拜，使黄河两岸成为神圣之地。山

图1 黄河行至龙门段，河面最窄，不足百米

图2　司马迁祠

陕南部这段水面宽阔的大河，很容易受到古人的膜拜。或许出于此类信仰，黄河两岸多出古墓。

韩城黄河边上有司马迁墓（图2），此墓始建于西晋永嘉四年（310年）。清人诗曰："丘垄黄河护，英灵华岳空。"司马迁现为全国重点文物保护单位。今人郭沫若也曾题诗曰："龙门有灵秀，钟毓人中龙。学殖空前富，文章旷代雄。怜才膺斧钺，吐气作霓虹。功业追尼父，千秋太史公。"几年以前，我曾在黄河的东岸远眺司马迁墓。我所站立的与司马迁墓隔河相望的地方，也是一处重要的历史场所。

与韩城隔河相望的是山西万荣县。万荣西部，黄河边，有后土祠（图3）。今存后土祠建筑，是同治年间的遗存，而后土祭祀的最早建立，要追溯到司马迁的时代，而且与出土铜鼎有关。

据《史记·封禅书》记载，汉文帝年间有个方士新垣平说："周鼎亡在泗水中，今河溢通泗，臣望东北汾阴直有金宝气，意周鼎其出乎？兆见不迎则不至。""于是上（文帝）使使治庙汾阴南，临河，欲祠出周鼎。"新垣平的意思是，当初掉到泗水里头的周鼎，会在河床底下逆水而上（听现代科学家讲，水下大型物体会有略微向上游移动的可能，因为物体上游一侧地表容易被流水冲出低陷，致使物体向上游方向倾倒，但绝不可能滚得很远），因为泗水与泛滥的黄河接通，所以周鼎会入河，接着又从黄河逆入汾水，停在汾水入河处。这一番神吹，令文帝不敢不信，何况周鼎乃天子神器，文帝宁可信其有，于是在汾水南岸邻近黄河的地方修建了祠庙，准备迎接周鼎。文帝没有等到周鼎，而到了汉武帝时，这里果真出了鼎。元鼎四年（前113年），

"其夏六月中，汾阴巫锦为民祠魏脽后土营旁，见地如钩状，掊视得鼎。"这个鼎虽不在河底，而出在高岗，但也被视为相关的喜事。

据当地人说，在黄河岸边岗地上，有魏国墓地，因黄河冲刷河岸，历代多出鼎彝。汉武帝时挖出的宝鼎，也可能出自古代墓葬。

汉武帝接受了司马迁父亲司马谈等人的建议，在汾河入黄河处改建了后土祠，"上亲望拜，如上帝礼"。这是国家大典，思想含义极高。据说汉武帝祭祀完后土，曾与群臣泛舟于黄河与汾河之间，他极目四望，即秋景而生情，吟出流传千古的《秋风辞》。

自后土祠建立之后，汉代皇帝便忙着奔走于长安、黄河之间（汉武帝规定"三年一祀"）。汉武帝先后五次到汾阴祭祀后土，随后，汉宣帝两次，汉元帝五次。到成帝时，因考虑"渡大川，有风波舟楫之危"，曾将后土祭祀迁到长安北郊。但不久出了些事儿，"上有悔意"，于是又迁回汾阴，照旧率群臣渡黄河，祀后土。

到了唐朝，玄宗皇帝仍到这里祀后土，并对后土祠进行了扩建。开元十一年（723年）祭祀后土时，在后土祠掘得两尊古代宝鼎，玄宗便将汾阴县改为宝鼎县。宋朝，真宗在黄河岸边看到"荣光溢河"的奇景，即见祥瑞之光出于后土祠旁的黄河中，便下令改宝鼎县为荣河县。荣河县的名称一直沿用到1954年（是年万泉、荣河二县合并为万荣县）。

在京师位于关中的汉唐时代，韩城以下这段宽阔的黄河之上，频繁出现天子的身影，可见地位之重。事实上，即使不考虑汾阴后土的祭祀活动，从基本的交通地理来看，这一段黄河，也是山陕交通要津，为兵家必争之地。公元前645年秦晋韩城大战，秦军从禹门东渡击晋，俘虏晋惠公。唐高祖李渊曾于隋大业年间（616年）率部从禹门渡黄河而取关中。明末李自成亦曾由此东渡，直捣京师，推翻了明王朝。

图3 山西省万荣县后土祠秋风楼

这段黄河的南部，有历史上著名的蒲津渡，位于陕西大荔县与山西永济市之间。此处号称关中侧门，位居潼关背后，为河东、河北陆道进入关中之第一"锁钥"。

考古学家在山西省永济市西约13千米处，发现了唐至明代蒲津渡遗址。有唐开元十二年（724年）修建的"铁索连舟固定式曲浮桥"遗迹，还有明代石碑一通和石堤50米。从遗迹可以看出，当时黄河河岸有一道曲拱梯形石堤，堤基下有成排竖打的柏木桩。垒砌的石条间灌注有铁锭，并以米浆白灰泥填灌缝隙，结合得十分牢固。还发现有一座4米见方的砖屋遗址，门坎向东，当是渡口的管理处所。考古发掘中还见有唐开元通宝、宋天圣元宝、元丰元宝、金正隆元宝等。

最令人震惊的是，在遗址发现有一群唐朝开元时代的大型铁铸器具。这些铁器群坐落在一片石板地上，最深处距今地表6.5米（图4）。铁器群总计有四尊铁牛、四个铁人、两座铁山、三个铁墩、一组七星柱。其中四尊铁牛气势雄浑，各长3.3米，高1.5米，重约50～70吨。每个铁牛旁各站立一铁人，作牵牛状，高约1.9米，重约3吨。位于南侧的铁牛下还发现有铁板、铁柱，铁牛尾部有铁制的七星铁柱。专家认为，四大铁牛可称"世界之最"，在考古学、桥梁建筑、冶炼铸造、水文地质等学科领域，有着十分重要的研究价值。

蒲津渡遗址对于中国古代桥梁史的研究具有极为重要的价值。古蒲津渡，有上千年的历史。这个渡口，因黄河水面宽阔，且经常改道，所以不可能修建固定的石墩大桥，而只能采用浮桥的办法。根据遗址情况推测，当时是以沉重的铁牛为桩在两岸间拉起长长的绳索，然后沿绳索栓系一长排船只，形成浮在水面的渡桥。想象当年，黄河之上显现的是何等壮观的情景。那正是盛唐时期，由此出入关中的人们定是成群结队，蒲津渡浮桥上面，该是一番人气旺盛的样子。这座长索浮桥毫无疑问是一项伟大的工程，著名桥梁专家唐寰澄说：它的发现"不同于扬军阵、耀帝威的秦兵马俑，亦不同于宣佛法、炫珍宝的释伽舍利，也不同于讲五行、为厌胜的镇水石犀。这是一个具体的工程建设，有实际功能的艺术珍品，是技术和艺术有机结合的典型，是中国人民对世界桥梁、冶金、雕塑事业的贡献，是世界桥梁史上唯我独尊的永世无价之宝。"

最后，让我们的关注点从南部的蒲津渡再返回到北部的韩城（图5）。2005年，在黄河西岸的韩城发生了一件考古学的大事。在韩城梁带村发现了芮国墓地，出土大量珍贵文物。

图4　蒲津渡遗址发现的唐代铁牛

芮国墓地的地理位置值得注意，它位于黄河西岸一个台地上，距今黄河堤岸只有500米左右。这让我们想起了汉武帝时代在黄河东岸挖得"宝鼎"的事情。对于古代的君侯们来说，黄河是极为神圣的，他们都要永久地在黄河之畔占得一席位置。尽管他们注意到了黄河波涛的侵蚀，但仍估计不足。以梁带村墓地为例，据介绍，在黄河水的不断冲刷之下，这块墓地所在的台地曾不断坍塌，黄河河岸逐渐西移。黄河流经韩城这一段有65千米，其中禹门口以下的42千米范围内，河流比较湍急，梁带村恰在这一段。1934年以来的观测和监测资料显示，黄河堤岸坍塌的程度为每年0.8至1.8米。

按照周代正规墓地的埋葬规律，墓地所在，就是该国的疆域所在，甚至是核心区的所在。所以，根据这次考古学发现提供的证据，梁带村一带在两周之际应属于芮国。但是按照《史记》等文献的记载，梁国为嬴姓，在今陕西韩城一带；芮国为姬姓，在今陕西韩城之南100千米的大荔县一带。文献所说的属于梁国地界的梁带村却发现了正规的芮国墓地，几个大墓出土了带有"芮"字铭文的青铜器，却未见梁国的铜器。

考古发现与文献记载相矛盾，是常见的事情，也是令人格外感兴趣的事情。类似的例子可举湖南西部里耶秦简的发现。按照历史文献记载，里耶一带是秦黔中郡的地盘，而出土的里耶秦简却自称洞庭郡。面对秦简的凿凿证据，学者们不得不承认洞庭郡的存在，而重新仔细研究那个地区的历史变迁，争取在文献黔中与秦简洞庭之间，找出一个合理解释。

在这种情形下，需要改变的是旧有的解释，而不是轻易推翻文献的记载。在梁带村墓地的问题上，可能也是这样。司马迁是本地人，在他的笔下，往往梁、芮并称，如《秦本纪》："德公元年，……卜居雍。后子孙饮马于河（张守节正义：饮马于龙门之河），梁伯、芮伯来朝"；"成公

元年，梁伯、芮伯来朝"；秦穆公"二十年，秦灭梁、芮"。从司马迁的口气来看，梁、芮是黄河之畔两个比邻的小国，那么，二者之间很可能存在复杂的领土变动关系。历史记载很可能略掉了某些细节，而今天的考古发现却恰恰对应着那些细节。

无论怎样，梁带村大型墓地的发现，在我们的认识中，进一步提升了韩城——龙门——黄河这个地区的历史地位。大禹、司马迁、龙门、黄河，现在又加上君侯墓地，这些要素彼此关联，共同构成了这一地理区位的非凡的历史。

（2012年4月14日于北京大学中关园）

作者单位：北京大学地理历史研究中心

图5　韩城老街

论梁带村芮国墓地出土青铜器与相关问题

◎ 朱凤瀚

2005 年以来陆续发掘的韩城梁带村芮国墓地，已先后有发掘简报与报告出版[1]，本文即根据这些报道，简略地讨论一下该墓地内所出青铜器载有的多种信息与其学术价值。

梁带村芮国墓地各区出土青铜器概况与其反映的社会结构

韩城梁带村芮国墓地位于村西北，分布在发掘者所划分的南、北、西三个相邻的墓区(图1)中。在已发掘的墓葬中，南区(图2)有一座"中"字形大墓 M27，另有三座"甲"字形大墓 M26、M19、M28，墓向均为东北向。从表观上看，此四座大型墓位置集中，"中"字形墓 M27 靠北，余三座"甲"字形墓排作一排，靠南。此四座墓有结构颇为一致的葬具与其装饰物（即均一椁两棺，棺顶皆有四件铜翣，其下多有玉戈，椁室内悬挂串饰，棺外有荒帷），也有相近同的

葬式（即多为仰身直肢，头北面上，一手或两手搭于腹前，双脚伸直并拢）。从这些情况看，此四座墓无疑应属于同一家族内的近亲。与三座"甲"字形墓同一排的还有三座长方形竖穴小墓（自西向东为 M31、M17、M35），其墓主人亦应是同一家族成员。在此南区中，此四座"中"字形与"甲"字形墓均出有成套的青铜容器，其中部分有铭文，言及作器者为芮公与太子，M27、M28 还有青铜乐器与兵器，这些青铜器为进一步详细分析墓葬的年代、墓主人各自的身份与彼此间的亲属关系提供了重要信息。

在南区以北的北区(图3)，也发掘了一座"甲"字形大墓 M502，位于北区西部（即南区之西北），在其东北有大型的土坑竖穴墓 M586，在其东部稍远则分布有大致分成四排的小墓葬群（其中有相当一部分尚未发掘）。小墓葬群与 M502 之间也有一些中小型墓，多数尚未发掘。此 M502、M586 二墓亦均出有青铜器，且颇有特点。此两座墓也有与南区诸墓特征相近的葬具及葬式。不仅较大墓如

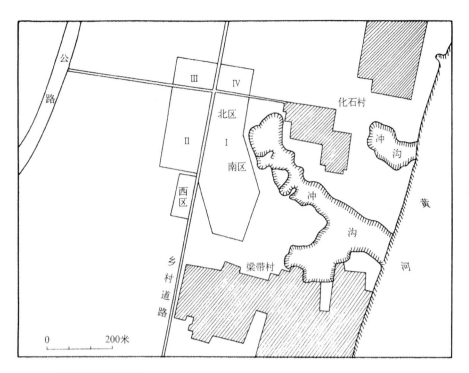

图1 梁带村芮国墓地分区图

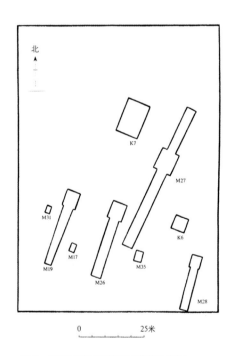

图2 梁带村芮国墓地南区墓葬分布图

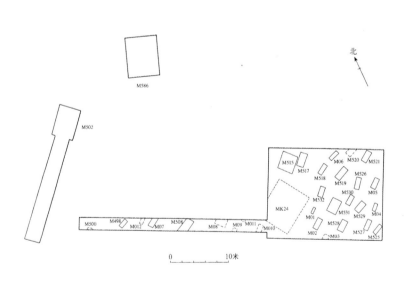

图3 梁带村芮国墓地北区墓葬分布图

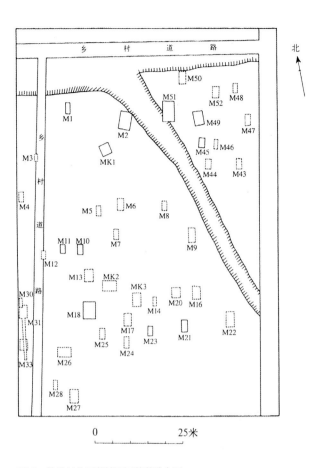

北

乡 村 道 路

图4　梁带村芮国墓地西区墓葬分布图

0　　　　25米

此，北区已发掘的诸小墓皆与以上南区诸墓以及北区西部的两座大墓有上述那种共同的葬式。这些情况显示出北区的墓葬是与南区诸墓葬有密切关系的，即应属于同一族群。

已发掘的但迄今尚未报道的北区另一较大的墓M300，其与M502的相对位置尚不明，但所出青铜器有重要铭文，也是需要讨论的。

位于南区以西的西区（图4）未有大型墓，已发掘的中、小型墓葬中，仅有M18这一中型墓中出有一件有铭铜鼎与兵器。这些中、小型墓同样有与以上南、北区墓葬相近同的葬具（及装饰物）与葬式，从而表明西区的中、小型

墓与南区及上述北区诸墓可能归属于同一大族的墓地。

综上所言，梁带村芮国墓地迄今所出的铜器，较集中地出于南区大墓中，这是下面重点讨论的内容，自当作为了解芮国青铜礼器制度、形制特征以及墓葬年代、墓主人身份等问题的重要资料。而对于北、西区零散的青铜器墓所出有铭器，只能将重点放在探讨其铭文内涵所反映出来的与芮国历史有关的信息上。

仅从上述青铜器出土情况看，梁带村墓葬中，大型与较大型墓的墓主人与未有青铜器随葬的大量中、小型墓的墓主人之间有相当严格的等级身份与经济地位的差异。青铜器作为墓主人身份的标志集中归属处于社会上层之贵族，伴随青铜器的还有另一些重要随葬器类，即是作为佩饰的各种玉器，以及奢侈的装饰葬具的串饰、荒帷。与之形成鲜明对比的是各区内占绝大多数的中、小型墓既不出青铜器，也缺少其他随葬品，更无葬具装饰物，特别是小型墓几近赤贫。这种给人印象极为深刻的差距，是梁带村芮国墓地从表观上即可看出的一个显明的特点，反映出当时芮国社会成员于政治、经济地位上两级分化程度相当高，缺少中间档次的社会阶层。

按照上述情况，可以认为亲族关系与严重的等级分化并存构成了当时芮国社会结构的特点。

南区诸大墓出土青铜器及墓主人之身份

如上所述，南区已发掘的由一座"中"字形墓、三座"甲"字形墓所出土的青铜器对于了解梁带村芮国墓地出土青铜器的特征是最具代表性的，也是了解该墓地之内涵最重要的资料。

其中四座大墓（即作"中"字形的M27，作"甲"字形的M26、M19、M28）的墓室面积与随葬青铜容器的组合形式可以排列如下表（器形参见图5）：

墓号	墓室面积（m²）	食器			酒器	水器	其他
M27	66.0	鼎7 簋6 方甗1			方壶2	盉1 盆1	簠1 卣1 尊1 觚1 角1
M26	40.1	鼎5 簋4 鬲4 方甗1 簠2 （+1）			方壶2	盉1 盆2	罐1
M19	35.8	鼎3 簋4 鬲4 方甗1 （+1）			方壶2	盉1 盆1 盘1	
M28	21.6	鼎5 簋4 鬲4 方甗1			方壶2	盉1 盘1	

表一

在上表"其他"栏内，M27所随葬的一件簠与四件酒器，从形制看要早到西周早期，为早期遗存，不当计入该墓随葬容器组合中。由此表可知，几座大墓随葬容器最基本的组合是鼎、簋、方甗、方壶及盉、盆（或盘，或兼有），仍是分属于食、酒、水器三类。与M27不同的是，M26、M19、M28均有鬲。鬲的数量似是以四为常数，M26虽有五鬲，但其中有一件形制与另四件不同。M19四鼎中亦有一鼎形制与另三鼎有异。

这种组合与属春秋早期的三门峡上村岭虢国墓地随葬青铜容器的组合形式很相近。已发掘并已刊布的三门峡上村岭虢国墓有两座墓（M2001、M1052）随葬有七鼎[2]，其随葬青铜容器组合形式为：

M2001　鼎7、簋6、鬲8、方甗1、簠2、盨4、铺2、方壶2、圆壶2、盘1、盉1；

M1052　鼎7、簋6、鬲6、方甗1、铺1、方壶2、盘1、匜1、罐1。

三门峡虢国墓中的五鼎墓，如M2012，其随葬的实用铜容器组合形式（图6）为：

M2012　鼎5、簋4、鬲8、方甗1、簠2、铺2、方壶2、盘1、盉1。

将上述梁带村芮国墓的组合与三门峡上村岭虢国墓相比，可见二者在基本组合上器类相近同，食器以鼎、簋、鬲、方甗为主，酒器均只有壶，而以方壶为常，水器亦以盉、盘为多见。不同者，仅虢国墓多有铺和簠，M2001随葬器相比更较为丰富。在参加组合的器类之数量关系上，芮国、虢国共同点在于：鼎、簋相配基本合乎东周礼书所言，七鼎六簋，或五鼎四簋；方甗均为一，方壶均为二，水器以单数相配。唯有鬲，虽可知当以偶数为常，但其数目可能会有四、六、八之别。唯芮国墓M19以三鼎配四簋，较别致。

不仅组合形式近同，两处墓地所出器物在形制特征上亦均相近（对比图5、图6），这显然表明梁带村南区这一墓群的年代与三门峡上村岭虢国墓地上举诸墓同时，即在春秋早期偏早[3]。虢国、芮国在西周时皆属畿内或近畿地区的姬姓封国，二者随葬青铜礼器制度如此相像，不会只是因所在区域相近，或彼此仿效，而必是因皆在春秋早期，距西周不远，故在随葬礼器组合形式，包括其数量关系方面承袭西周晚期畿内周人制度所致。西周晚期畿内大墓迄今少有发现，芮国、虢国墓葬中体现出来的相对稳定的随葬组合形式或可以作为了解西周晚期畿内墓葬制度的一个层面。

梁带村芮国墓地南区墓地所出青铜器不仅可因其组合与形制而有助于了解此一墓地之年代，而且有助于了解这几座出青铜器的大墓之墓主人的身份。

几座大墓葬具规格是相同的，皆一椁两棺，棺内均有

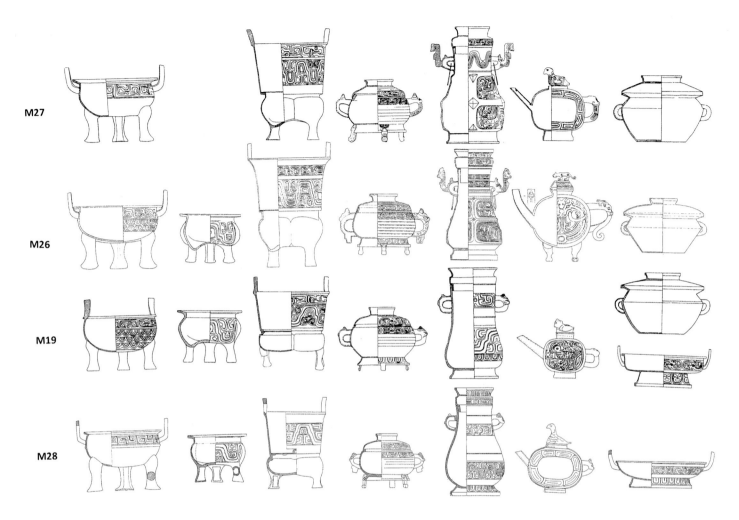

图 5　梁带村芮国墓地南区墓葬出土青铜器（部分）

串饰，棺上均有铜翣。但 M27 不仅有两条墓道，墓室面积更达到 66 平方米，在南区四座大型墓中首屈一指，且出有七鼎、六簋，为出鼎数目最多的墓，其地位肯定应高于三座"甲"字形墓的墓主人。M27 所出六件簋，均有"芮公乍（作）为旅簋"的铭文（图 7-1），"作为"是同义词连用。所以，认为 M27 墓主人为一代芮公应是没有问题的。"甲"字形墓 M26 墓室面积有 40.1 平方米，仅次于 M27 之芮公

墓，墓主人有玉手握，不随葬兵器，随葬五鼎四簋，低于 M27 用鼎级别。鼎、甗、簋及方壶分别铭有"中（仲）姜乍（作）为趄（桓）公尊鼎"、"中（仲）姜乍（作）为趄（桓）公尊甗"、"中（仲）姜乍（作）为趄（桓）公尊簋"（图 7-2）、"中（仲）姜乍（作）为趄（桓）公尊壶用"，表明此四类器是仲姜专用以祭祀桓公的礼器。

综合以上情况，M26 也当如研究者已判定的，是芮桓

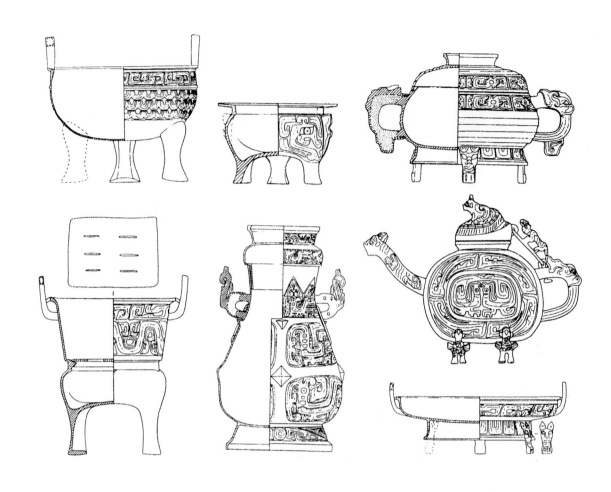

图6　三门峡虢国墓地 M2012 出土青铜器（部分）

公之夫人，亦即铭文中的"仲姜"。芮桓公最大的可能，应即作为芮公之 M27 墓主人。从此仲姜为桓公作祭器来看，仲姜要卒于桓公之后，亦即 M26 的绝对年代要略晚于 M27。

M26 所出五件鬲中的四件，铭有"芮太子白作为万宝鬲，子子孙孙永保用享"(图7-3)，"万宝"当是"万年宝用"之省。此"芮大（太）子白"，较大的可能是仲姜之夫芮桓公尚

为太子时之称，白为其私名。夫人墓中存有公的铜器，天马一曲村晋侯墓地多见。芮太子白，名白，可能即芮桓公名。

M19 也为"甲"字形墓，但墓室面积为 35.8 平方米，要稍小于 M26 墓室。随葬铜鼎虽有四件，但其中三件为形制相同而大小相次的半球形腹蹄足鼎，一件为垂腹的盆形腹鼎，按照用鼎制度的一般情况，当以同形制的三件鼎为用鼎数，即是说在用鼎数量上低于 M26。此墓同样亦未随

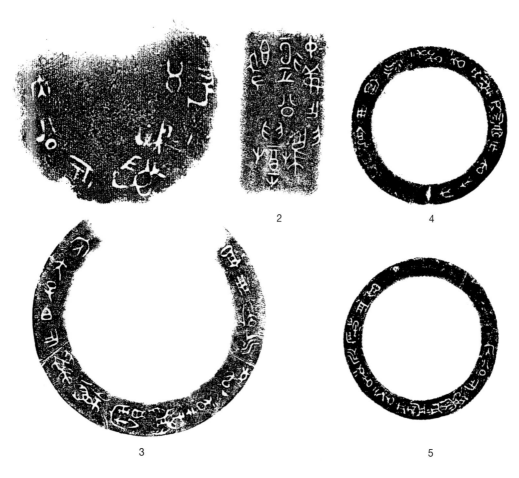

图 7 南区诸墓出土青铜器铭文

1、M27:1007 簋铭 2、M26:154 簋铭 3、M26:150 鬲铭 4、M19:260 鬲铭 5、M19:261 鬲铭

葬兵器。墓主人手、脚腕部有玉饰，双手有玉握。研究者或以为此墓主人当是 M27 之芮桓公的侧室，这是很有可能的。因为 M26 墓主人芮桓公夫人仲姜卒于桓公后，所以自然排斥了 M19 为正夫人卒后续娶夫人之可能。依一般情理 M19 的绝对年代似当略晚于 M26。此墓内所出四件大小、形制相同的鬲，两件铭"芮大（太）子作铸鬲，子子孙孙永宝用享"，两件铭"芮公作铸鬲，子子孙孙永宝用享"（图

7-4、7-5）。大小、形制相同的器所署作器者名不同，但能与"芮公"平等地作同一形制的器，则较大的可能，两件芮太子鬲是芮公（即 M27 墓主人芮桓公）尚为太子时所制。M19 出芮公器，应亦是芮公生前赐予作为侧室的 M19 墓主人者。

M28 墓主人的身份，由于已由骨骼鉴定知其为 50 岁左右男性，这与墓葬中随葬有兵器与铠甲所显示的墓主人的性别是一致的。其虽亦为"甲"字形墓，但与 M27 芮公

墓相同，也随葬有编钟与石磬。然而该墓只有五鼎四簋，墓室面积亦仅有 21.6 平方米，甚至低于有可能是芮公之侧室墓的 M19，而且其棺内的串饰亦较 M26、M19 简单，随葬品中也没有玉饰件，更没有 M27 芮公墓所有的金器。所以 M28 墓主人的身份，似当按所随葬之五鼎的规格来衡量，亦即不大可能是 M27 芮桓公之下一代芮公，那么其身份很可能是公子之一。以此身份再参考上述墓主人的年龄来考虑，则 M28 之墓葬年代应当更晚于 M26。

以上分述之南区诸大墓所出青铜器，其主要器类已示如图5，就此图可知，从总体上看，此四墓出土青铜器形制特征多相近，大致合乎春秋早期中原地区青铜器的形制特征。这当然与四墓墓主人有近亲关系，因而生存年代相接近有关，而且当时夫人、侧室可以有其夫给予的礼器，后一代甚至后二代、三代都可以拥有前人的礼器，也是造成随葬器物多有相同点的原因，从而影响对器物作更进一步的断代及其特征的认识。如果尝试作更细的分析，则 M27、M26 二墓的铜器似具有彼此更接近的、年代稍早一些的特征，例如方甗的造型，M27、M26 方甗高部呈高裆，而 M19、M28 则裆均较低矮，甑部也相对较低矮而宽扁；M27、M26 的簋，腹部仍略呈垂腹状，而 M19 簋腹最大径则明显上移，呈中部圆鼓状，M28 簋的最大径也靠近腹中部；M19 的盘，腹壁已近直；M28 方壶腹最大径已上移至腹中部，亦是同类器年代相对较晚的表现。按照以上分析，M19、M28 较 M27、M26 在器物形制上有稍晚的特征。实际上，仅就目前所见到的春秋早期青铜器的情况，均是在承袭西周晚期组合形式同时，也沿袭西周晚期各类器物的基本造型，只是在春秋早期这一时段内，局部形制随着年代发展略有变化而已，例如上述梁带村芮国墓地南区 M19、M28 相对 M27、M26 发生的一些造型上的变化。但这些仅是列国青铜器在春秋中期组合形式与造型特征均发生明显变化前，旧体制下的局部量变而已。

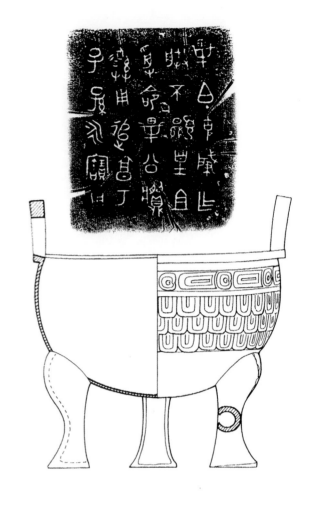

图 8　北区 M502 出土之毕伯克鼎器形与铭文

如果以上推拟的南区几座大墓墓主人身份以及年代序列可以成立，亦即此四座大墓的年代序列应是 M27——M26——M19、M28 的话，那么就可以表述为，M27 墓主人芮桓公先卒，其夫人，即 M26 墓主人仲姜继之，而桓公之侧室，即 M19 墓主人与桓公之子，即 M28 墓主人是最后去世的，二者逝去的年代可能较接近。

M28 墓主人既非桓公之后的下一代芮公，则其身份当

图9　北区M586出土铜器铭文
　　1、M586:39（簋盖）铭文　　　2、M586:37（簋盖）铭文

亦非太子。芮国是在近春秋中期偏早时亡于东扩的秦国[4]，在M28墓主人芮桓公后，至芮国灭亡，应该至少还有三代芮公，现在的几座大墓既不再包括另一位芮公，则芮桓公之后的几代芮公墓葬当另在其他地点。

　　与以上几座大墓在墓位上相邻近的M31、M17、M35三墓，墓室面积在7至11平方米间，应已属中型墓中较小者，其中M17、M35皆有一椁二棺，而且棺上有铜翣，椁内有串饰（惟M31只有一棺一椁，无铜翣与椁内串饰）。三位墓主人均有数量不等的玉饰件。已知M17为53岁左右的男性，M35墓主人只知为成年人，M31墓主人为40岁左右女性。由于此三墓不仅与以上几座大墓共处同一墓地，且有相同的葬具、葬式及葬俗，所以，此三中型墓之墓主人有可能是此一代芮公之近亲，则南区即应属于一代芮公

（即芮桓公）之近亲家族墓地。三座较小的中型墓的墓主虽为公室成员，但均未能随葬青铜礼器，这似乎也反映出在此时期即春秋早期时的芮国，对能拥有青铜礼器的个人等级地位要求得较高，同时也可能与此时期芮国的国力包括经济实力有一定的关系，这点下文还要论及。

北区、西区墓地出土之青铜器透露出的信息

　　已发掘并已刊布的北区墓葬分布情形（图3），已在前文的第一节作过概述。数量占绝大多数的小型墓均不出青铜器。位于其西端的"甲"字形墓M502墓室面积为17.5平方米，一棺二椁，椁内有串饰，棺上有荒帷，棺顶有四件铜翣与玉戈等玉器。此墓在椁顶与二层台上殉车（此是其特点），

墓葬形制与葬具规格及其装饰物均与上述南区 M28 接近，唯墓室面积稍小，年代亦当属春秋早期，但是在随葬青铜器上，此墓不仅没有铜乐器，而且只有三鼎，包括毕伯鼎一及素面鼎二，素面鼎极素朴，其他随葬的簋二、爵一、觯一、方彝二、盉一、盘一，亦较粗糙或无器底，除盘外，均可以肯定属于明器。唯其所随葬铜钺二、戈二及铠甲皆为实用兵器，且较精致。据骨骼测量，知此墓墓主人为 50 岁左右男子。从上述情况看，这位男性墓主人的身份与等级当低于作为公子的 M28 墓主人，属于大夫级。但即使如此，其墓葬形制及葬具之规格与所随葬的青铜礼器数量之少且多明器的状况也极不协调。关于此种现象发生的原因，下文还要讨论。

M502 所出毕伯鼎，为西周晚期始流行的半球形腹蹄足鼎，腹较深，从形制看似不会晚于西周晚期。其铭文作"毕白（伯）克肇乍（作）朕不显皇且（祖）受命毕公鼇彝，用追享丂（考），子孙永宝用。"（图8）此"受命"应是指周初第一代毕公所受册封之命。张天恩先生有文已论及此[5]。此铭文字体亦具西周晚期特点，故此鼎应是西周晚期器。周人宗族内应是只有大宗可以主祭始建立本宗族之宗子，并为之作器，故此毕伯克应是西周晚期时一代毕氏宗子。西周重要世族毕氏受封地，即毕，应在今陕西长安南。毕氏宗子所作器何以出现于北区 M502 这一芮国中等贵族墓中，其原因难以确知，只能说反映了毕氏与芮氏之间作为姬姓贵族的某种联系，当然也可能与西周末周人世家大族随王室东迁时际之混乱状态与遭遇到的不同命运有关。

北区的另一座较大型墓，是位于 M502 北的 M586（图3），此长方形竖穴土坑墓，墓室面积竟达约 36.2 平方米。各种葬具与其饰物及葬式均与上述"甲"字形大墓近同，显然亦应是春秋早期芮国贵族墓。但与 M502 有共同特点的是，同样缺少与其规格匹配的一定数量与等次的随葬青铜器，

而只有一鼎三簋。鼎形制具西周晚期特点。三簋，实际只有两件簋，一件簋盖。其中一簋（M586:39、40）有铭文（图9-1），据所铭作器者，可名之曰隖簋，形制为典型的西周晚期有盖、圈足下三小足的形制。另一簋垂腹，圈足下三小足，腹部饰对称的顾首龙纹，颈与圈足饰重环纹，其年代似应在西周中晚期之际。隖簋铭曰："身皇剌（烈）侯，乃闭朕毛，左用辛改（祀）[6]。隖乍（作）爲宝用享于其皇文曼（祖）庚（？），其万年永宝子子孙孙用。"[7]此铭似非全铭，而是一篇铭文下半部分，故开头的"身"字似只有接上铭才能读通。作器者隖未必是此墓墓主人，此可能亦是将得自他处之器葬于墓中[8]。另有一圈足状提手、顶饰瓦纹、下部饰窃曲纹的簋盖（M586:37），其形制、纹饰属西周晚期。有简短铭文（图9-2），作器者为"癸"。此墓墓主人虽为男性，但仅拼凑了几件年代不尽相同的铜容器以随葬，这一缺少与墓主人身份相当的青铜礼器的特点，似乎已是此春秋早期芮国墓地中身份为中等以下贵族葬制中一个突出的问题。

不仅此两座墓，另一在 2010 年时于北区发掘的墓葬 M300，尚未有发掘简报，此墓也是一座面积够上中型墓的竖穴土坑墓，一椁双棺，所出青铜器有鼎、簋、盘、匜，其中簋一、盘一铭文表明此二器是"晋婄"自作与晋侯为其所作，当是因某种原因得自于晋人之器。可见此墓之随葬礼器组合也是用不同来源的器拼凑起来的，而非墓主人自制礼器，而且礼器数量关系亦与该中型墓葬规格所显示的墓主人身份不太相称。

西区已发掘的墓葬中，有四座竖穴土坑墓，即 M2、M18、M49、M51（图4），墓室面积在 9 至 16 平方米，亦皆可归属中型墓，而且除 M51 以外，均一椁二棺，M2、M49 与 M51 椁内有串饰，M18 外棺盖上有四铜翣。葬式只有 M2（墓主人为男性）作侧身屈肢，与芮国墓葬有别，其身份较为特殊外，其余三墓葬式则均与上述南区、北区

芮国墓葬同，墓主人应皆是芮国中等贵族地位稍低者。但此三墓中，仅有 M18（墓主人约为 30 岁左右男性）有铜戈、矛等兵器与车马器，铜礼器仅有一件鼎，附耳浅腹、口沿外侈，口沿与附耳间有铜条相联，长蹄足，属春秋早期形制，作器者为虢季，亦非墓主人本人作器。此三墓情况同样也体现了上述春秋早期芮国墓随葬青铜礼器欠缺之特点。

仅由已发掘的中型墓看来，非属公室贵族的中等贵族随葬的青铜礼器，无论是总数量还是器类及组合均与这些墓葬的墓主人身份不合，即不合当时周人礼制。

结语

以上从三个方面对韩城梁带村芮国墓地出土青铜器的情况及其所附载的多种信息，结合其他墓葬资料作了综合的分析，所得到的不成熟的认识可以归结为以下几点：

（一）梁带村芮国墓地南区由一座"中"字形大墓与三座"甲"字形大墓及几座小墓构成的小墓群，是春秋早期时一代芮公亦即 M27 墓主人（应即 M26 仲姜作器铭文中所言芮桓公）近亲家族之墓。除芮公外，包括其夫人（即仲姜）墓（M26）、侧室墓（M19）与其子墓（M28）。至于已公布的北区、西区的墓葬墓主人与此芮公近亲家族的关系，因发掘资料刊布所限，尚不能确知。但整个墓地不同墓区内绝大多数大、中、小型墓不仅呈集聚分布状态，而且各型墓均有相同的葬具与装饰物及葬式，而且与芮公墓近距离，所以均可以认为这几片墓地的墓主人彼此是有亲族关系而疏近不等的芮氏宗族成员。墓葬规模、葬具不同与随葬品的明显的差距是当时芮氏宗族内宗族成员等级分化非常明显的表现。

（二）只有芮公及其近亲家族成员随葬有较多的（包括自制的比较精美的青铜容器类礼器），且有较稳定的与春秋早期近畿区域内其他周人世族或封国的贵族墓葬相近

同的礼器组合形式。特别是仍严格地遵守以鼎、簋组合之固定的数量关系显示贵族身份的制度。而且这一芮公近亲家族墓地所出青铜器为了解当时公、夫人、侧室、公子不同身份的贵族在随葬青铜礼、乐器方面的异同及具体的数量关系提供了重要的信息。

（三）南区之芮公近亲家族墓地所出青铜容器中芮公（或芮太子）自制的，能够反映墓主人身份的器铭不见于鼎，而主要是见于簋（如 M27 所出"芮公簋"）或鬲（如 M19 所出芮公、芮太子鬲，M26 所出芮太子白鬲），尤以鬲为主，这也是芮国铜器的一个特点。当然，这种状况也许与下边要论及之春秋早期芮国状况有关。

（四）以往对中原地区春秋早期青铜器形制、纹饰的了解主要依据三门峡虢国墓地以及平顶山应国墓地 M1、M8 及晋侯墓地 M93、M102 出土器物（其中对三门峡虢国墓的年代还多有异议），总之，资料不够充分。梁带村墓地虽地处陕西，但在陕西东部，隔河与晋南地区相望，故亦可以计入中原区域内。此墓地南区芮公近亲家族墓地所出青铜器，包括容器、兵器、乐器及车马器，为细致了解与把握春秋早期中原地区周人青铜器的形制、纹饰特征增添了非常重要的资料。

（五）梁带村芮国墓地已发掘的墓地中，除了上述南区芮公近亲家族墓地外，墓室面积在 7 平方米以上的中型墓，甚至包括墓室面积达 17.5 平方米的"甲"字形墓 M502，墓室面积达 36.2 平方米的长方形土坑竖穴墓 M586 等。在随葬品上均有一个共同点，即均缺少青铜容器类礼器，不仅总体数量少，而且在组合方式上，特别是鼎簋结合的数量关系上，并不符合传统的周人礼制。M502 随葬青铜容器甚至多数为明器，西区墓地中三座墓室面积在 9 至 16 平方米的竖穴土坑中型芮国墓中，只有 M18 有一件外来的虢季鼎，余均无铜礼器随葬。而且有相当多的中型墓选用从不同渠道得到的其他周人姬姓世族、封国（如晋、虢）的青

铜器充作随葬礼器，基本未见墓主人自制器。这种状况形成的原因除了有一种可能，即只有公与公室近亲才遵守西周中期以来随葬礼器制度，而级别较低的贵族则不受其束缚外，更大的可能性应是受到两周之际动乱形势影响所致。

西周时芮国地望如《史记·秦本纪》正义引《括地志》所云："南芮乡故城在同州朝邑县南三十里，又有北芮城，皆古芮国也，郑玄云周同姓之国，在畿内为王卿士者"，朝邑县即今大荔县东。故西周芮国即在今大荔县东南、渭河北岸，应靠近今华阴。西周末申、缯、犬戎攻杀幽王于骊山下，平王东迁，大批畿内与近畿地区世家大族与封国随之东移，以避兵戎，芮国地望正处于这一东迁路径上。

芮国也许在此动乱时际受到冲击，不得不北迁至黄河西岸之韩城。现在所见梁带村芮国墓地所葬中等贵族原有的青铜礼器有可能在混乱中散失，而动乱与迁徙造成国力之衰微，故到这些芮国中小贵族卒后葬于梁带村时，只好多方筹集、拼凑随葬礼器。芮国墓地除芮公近亲家族外，其余不同等级贵族青铜礼器的匮乏，也许有上述原因。不但如此，此墓地众多小型墓绝少随葬品或也当缘于此。西周末的动乱与王室东迁给诸周人世族与封国带来的冲击由此春秋早期的芮国墓地情况可见一斑。

作者单位：北京大学历史系

(1) 已刊布的韩城梁带村墓地的发掘资料，见于以下简报与报告：《陕西韩城梁带村遗址 M19 发掘简报》，《考古与文物》2007 年 2 期；《陕西韩城梁带村遗址 M27 发掘简报》，《考古与文物》2007 年 6 期；《陕西韩城梁带村遗址 M26 发掘简报》，《考古与文物》，2010 年 1 期；《梁带村芮国墓地——二○○七年度发掘报告》，文物出版社，2010 年 6 月。本文所配插图均引自以上报告。

(2) 中国科学院考古研究所：《上村岭虢国墓地》，科学出版社，1959 年；河南省文物考古研究所、三门峡市文物工作队：《三门峡虢国墓》，文物出版社，1999 年。三门峡虢国墓中 M2001 随葬有鼎 10、簋 9，但十件鼎中有三件为明器，九件簋中也有三件为明器。

(3) 三门峡虢国墓地的年代，参见拙作《中国青铜器综论》（下），上海古籍出版社，2009 年。

(4) 芮国及当时与其邻近的梁国，大约灭亡于秦成公十四年（前 650 年），"是时秦地东至于河"（《史记·秦本纪》）。参见拙著《中国青铜器综论》（下），上海古籍出版社，2009 年。

(5) 张天恩：《新出土的芮国铜器铭文考述》，《古代文明研究通讯》总第 45 期，2010 年 6 月。又见《梁带村芮国墓地》"结语"，文物出版社，2010 年 6 月。

(6) 字反书即，似是改字。改簋此字作，见《金文编》221 页。本铭好作反书，除此字外"剌"、"侯"、"朕"、"寶"、"年"等字均作反书。上引张天恩先生文亦已提出铭文中此书写上的特点。

(7) "朕"下一个字亦可隶定作"手"。待再考。如可读作"毛"，在这里也许应读作"耗"，损伤之意。闭，在这里或是闭塞即制止之意。左，读作佐，助也。辛，新也。

(8) 铭文中隐称其先人为"皇烈侯"，上引张天恩先生文认为芮国历史上无封侯记载，故此器不可能是芮器。

解读芮国玉器

◎ 孙庆伟

位于陕西韩城梁带村的芮国墓地是近年两周考古的重要发现，墓地规模宏大，出土物丰富，其中的金器和玉器更是令人瞩目[1]。这里针对已经公布的出土资料，对芮国玉器加以详细的解读。

一、芮国墓地出土玉器概况

考古钻探表明，梁带村芮国墓地分北、南和西区，共有大、中、小型墓葬 1300 余座。墓地的发掘经历了两个阶段：其中 2005—2006 年发掘了 M27、M19 和 M26 三座大型墓葬[2]，2007 年则清理各类墓葬 36 座[3]。

依据形制、规模及随葬品种类，这些墓葬可分为四个等级：

第一等级："中"字形大墓 M27 和"甲"字形大墓 M502、M26、M19、M28。其中 M27、M26 和 M19 属于同组墓葬，墓主分别是春秋早期的芮桓公、桓公夫人仲姜以及桓公次夫人。M502 和 M28 没有出土相应的文字资料，但从墓葬形制和随葬品组合来看，墓主也应是芮公。

第二等级：随葬铜礼器的中型竖穴土坑墓，仅北区

M586 和西区 M18 两座，墓主是芮国大夫级贵族。

第三等级：不随葬青铜礼器的中型竖穴土坑墓，包括南区 M17、M31 和 M35，西区 M2、M49、M51 等 6 座，墓主是芮国的士级贵族。

在原报告中，北区 M508 被定为小型墓，但该墓墓口长 3.26 米，宽 1.7 米，明显大于其他小型墓而与上述 6 座中型墓接近，而且 M508 口小底大，墓底长达 4 米，已与第二等级两墓的墓底长度接近，所以这座墓葬归入第三等级为宜。

第四等级：其他 25 座小型竖穴土坑墓，墓主都是芮国的平民。

（一）第一等级墓葬随葬玉器

1. M502 和 M28

M502 共出土玉石器 24 件组，发掘报告有详细的描述，但对其中数件器物的定名可作商榷，包括：M502:53 玉璋（图1）、M502:54 玉铲、M502:55 玉刀以及 M502:56 玉铲。这四件器物中，除 M502:55 玉刀外，其他三件器物都是由早期玉刀或玉铲类器物改制而成的，功能已经改变，所以不宜再用原来的名称。这几件器物在改形后形制基本

相同，都是长条形片状玉器，所以通常被看作是"半圭为璋"之璋，这其实是缘于后代学者对于文献的误读。璋确实是周代重要的瑞玉，但形制如何，迄今没有一致意见[4]。类似的长条形片状玉器在周代大墓中并不少见，如上村岭虢国墓地 M2001 号季墓内棺盖板上就出有五件，它们下端都与成组的玉牙饰相连，所以在功能上等同于西周的柄形器[5]。虽然 M502 这四件器物的末端没有牙饰，但它们与 M502:18、72 这两件柄形器以及 M502:64-3 这组牙饰都放置在外棺盖板上，暗示它们在功能上具有一致性[6]。

M502 和 M28 随葬玉器概况见表一。

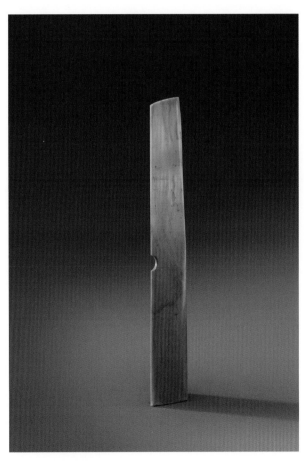

图 1　玉璋 M502:53

2. M27、M26 和 M19

相比上述两墓，这组墓葬随葬玉器明显丰富，其中 M27 共出土玉器 249 件（颗）、M19 出土 66 件（颗），而 M26 则多至 500 余件（颗）。根据发掘简报，将这三座墓葬随葬玉器的大致情况整理如表二。

（二）第二等级墓葬

两座第二等级墓葬中，M586 墓主为一老年男性，共随葬玉器 21 件（组），其中多见改形器；M18 墓主则是年龄在 30 岁左右的壮年男子，随葬玉石器数件。具体情况见表三。

（三）第三等级墓葬

七座第三等级墓葬都随葬有少量玉石器，具体是：

M17，墓主是 53 岁左右的男性，随葬玉器包括：墓室填土中残石圭 1 件，头部玉玦 2 件，颈部玛瑙珠串饰 1 组，右手玛瑙珠腕饰 1 组。

M31，墓主为 40 岁左右的女性，随葬玉器有：墓室填土中石圭 1 件，椁室东侧玉圭 1 件，头部玉玦 2 件、玉珠 1 件、璜形器 1 件和残玉佩 1 件，腰部右侧残玉佩 1 件（可与头部的残玉佩拼对），下肢左侧有璜形器 1 件。

M35，墓主的性别年龄不明，随葬的玉石器包括：墓室填土中石圭 1 件，棺椁之间有 140 件石坠与铜鱼、海贝和陶珠等伴出，墓主头部有玉玦 2 件，颈部有玛瑙珠项饰。

M2，墓主男性，年龄不明。随葬玉器有：棺椁之间有石坠 8 件，墓主头部玉玦 2 件，口含碎玉 2 件，颈部玛瑙珠项饰 1 串。

M49，墓主性别年龄不明，随葬的玉石器有：棺椁之间石坠 100 余件，墓主口含石片 4 件，颈部有玛瑙珠项饰 1 组。

M51，墓主为一年龄约 55 岁的老年男性，随葬玉石器包括：棺椁之间有石坠，墓主头部玉玦 2 件，口含碎玉 8 粒，颈部玛瑙珠、料珠、绿松石珠和玉牌项饰 1 组。

位置 ＼ 墓葬	M502	M28
墓室填土	上部填土中出残石圭1件。	上部填土中出石圭1件。
椁盖板上	无	
棺椁之间	西侧有玉管(镦)两件,其中一端连接有机质杆状物;另,东西两侧散落大量铜鱼和石贝。	东北角玉圭3、西北角出石磬10件、东西两侧散落大量石贝、石泡33和方形石饰13件与漆器伴出,另有石刀1件。
外棺盖板	玉戈1、长条形玉器3、柄形器2件、柄形器牙饰1组。	无
内棺盖板	无	无
棺　内　头部	两侧各有玉环1。	无
口部	含残玉琮1、方形玉片2、三角形玉片2、残玉环1、玉饼（圆形玉片）1、残玉玦1、长条形玉片2、残玉片8。	无
颈部	玉牌项饰1组	无
胸腹部上	长条形片状玉器1、戈形玉佩1、玉鸟1。	无
胸腹部下	无	无
腰部	无	无
手部	海贝腕饰2组。	无
腿脚部	左脚腕玉鸟1、右脚腕玉璜1。	无

表一

位置 ＼ 墓葬	M586	M18
墓室填土	无	无
椁盖板上	无	无
棺椁之间	无	东侧玉管1、条形石片2。
外棺盖板	玉戈1、长条形玉片2件。	无
内棺盖板	无	无
棺　内　头部	两侧玉玦3对6件。	无
口部	碎玉88粒。	无
颈部	玉环和龙纹玉佩各1件。	无
胸腹部上	玉璜3件。	无
胸腹部下	无	无
腰部	无	无
手部	无	条形玉片1。
腿脚部	左腿外侧三角形玉坠和条形玉坠各2、左脚腕龙形玉佩1、右脚腕不规则形玉坠1。	无

表三

位置		墓葬 M27	M26	M19
墓室填土		上部出残玉石圭、戈等器物19件。	玉人形饰2，另有玉觽和玉管。	不明。
椁盖板上		无	无	无
棺椁之间		铜翣下玉圭2。	3001件玛瑙珠与海贝、铜鱼、陶珠及料珠伴出。	玛瑙珠1876件、石贝869件。
外棺盖板		至少玉戈1。	铜翣下放置大玉戈2。	玉戈1。
内棺盖板		无	无	无
棺 内	头部	玉玦3组6件、素面白玉管1、玉兽面1。	东北角有红山文化玉猪龙1、西北角有煤玉串饰1组、玉玦1对在头部两侧（另有6件位置不明）、口含碎玉若干，另有玉觽4件在头部。	玉玦3对6件。
	颈部	七璜组玉佩。	七璜组玉佩1组、玉牌项饰2组。	玉牌和玉管项饰各1组
	胸腹部上	七璜组玉佩1组、大玉戈至少2件、璧5(7)、凸缘璧1、梯形玉牌1、人龙纹佩1、鱼形璜3、兽面饰4、龙形玉觽1、方柱形玉管1。	右肩部梯形玉牌组玉佩1组、玉兽面1、玉贝1对、勾喙玉鸟1、团身玉鸟1；另有玉人1、玉虎1、玉熊1、花蕾形玉佩1、玉蝉1也可能都在腰腹部。	墓主佩戴玉瑗、玉蚕、玉鱼、玉觽和柄形器等饰物，当在腰腹部，但具体位置不明。
	胸腹部下	至少龙纹玉璧1。	玉匕首1。	
	腰部	玉剑1、神人形佩1、龙纹玉管1、玉兽面2。	玉戚1和玉神人1、龙形玉觽4、竹节状柄形器1、玉牛1。	
		凤鸟纹柄形器1。	无腰坑。	无腰坑。
	手部	肘部玉龙1、两手龙形玉觽各1、左手方形柄形器1和双兽面玉饰1、左右手玉鲽各1、左手玉鸟1对。	两手握饰各1组、右手腕饰1组、左手玉挖耳勺1（另1件位置不明）。	肘部有串饰1组、左手腕饰1组；双手均有握玉，但器类不明。
	腿脚部	腿部玉琮4、足部凤纹纹柄形器1、左右脚踝玉兽面各1。	大量残玉料、半成品以及残损玉器散置于右股外侧。	脚腕有串饰1组、左右足部玉牛首各1。

表二

M508，墓主性别年龄不明，随葬玉石器有：棺盖板上有长条形玉版和牙饰组成的柄形器1组，墓主头部玉玦1件和椭圆形玉坠2件，胸部有海贝1件和石贝3件组成的串饰1组，右侧腰际条形玉片1件，手部绿松石珠1件。

（四）第四等级墓主

25座小型墓中，有11座随葬少量玉石器，具体情况是：

M02，墓主是年龄约35岁的女性，头部蚌玦2件，口含碎石7件。

M05，墓主性别年龄不明，口含蚌片6件，肩部残石片2件，盆骨处石圭1件、蚌片2件，可能是手握之物。

M517，墓主是50岁左右的女性，头部有玉玦1件，口含碎玉17粒。

M518，墓主是45～50岁的男性，仅头部有残玉玦1件。

M521，墓主性别年龄不明，口含残玉玦3片，胸部有残石环1件。

M525，墓主是40岁以下的女性，口含碎玉。

M526，墓主是成年女性，口含玉玦碎片3件。

M527，墓主是40岁以下的女性，头部两侧各有石玦1件。

M1，墓主是45～50岁的男性，口中出石琀1件。

M11，墓主是55岁左右的女性，右耳处出汉白玉玦1件。

M21，墓主性别年龄不明，头部两侧各有玉玦1件。

通过对出土资料的整理，可以看出芮国墓地随葬玉器的基本情况是：

礼仪类玉器中，主要有玉戈（圭）和玉璧两类。玉戈常置于墓主的胸部，象征其生前执圭之貌；璧放置在墓主的胸前和背后，既显示其尊贵，又有敛尸的功用。

服饰玉器中，主要是耳戴玉玦，颈部有玉牌或玛瑙珠项饰，胸前有多璜组玉佩和梯形玉牌组玉佩，手和脚腕也有串饰或单件玉饰。

丧葬玉器中以玉石琀和握玉最为常见，而棺椁之间散落的荒帷上的石坠也比较多见。

当然，这些器物在不同等级墓葬中的出现概率是完全不同的，大体来讲，多数器类仅见于第一和第二等级墓葬中，而第三和第四等级墓葬中通常只有耳饰玦和玛瑙珠串饰这类基本服饰用玉以及玉琀这种"民俗性"丧葬用器。换言之，在两周之际的芮国，玉器主要是贵族、尤其是高等级贵族的专属物，而对于社会的中下层而言则纯属奢侈品。

总体而言，芮国玉器在器类、组合、摆放位置以及性别、等级差别等方面都体现了当时的通例，符合周代玉器和周代用玉制度的基本原则。

二、芮国玉器中的礼仪用玉

"礼"是周代社会的核心和基本特征，礼的基本功能则是"分"，也就是确立社会各阶层的亲疏远近、上下尊卑的等级秩序。《礼记·曲礼上》说："夫礼者，所以定亲疏、决嫌疑、别同异、明是非也。"《礼记·乐记》则讲："礼义立，则贵贱等矣。"等级制度既已确立，就要有相应的器用制度以彰显之，礼仪用玉就是其中的重要内容。

（一）玉圭

玉圭是周代最重要的礼仪用玉。周王册命诸侯时，赐给诸侯玉圭作为符信和瑞器，这就是所谓的"命圭"。如：

《诗经·大雅·崧高》载周宣王封其母舅申伯于谢，称："锡尔介圭，以作尔宝，往近王舅，南土是保。"

《国语·吴语》则记载晋大夫董褐之语："夫命圭有命，固曰吴伯，不曰吴王。"韦昭注："命圭，受锡圭之策命。"

《左传·僖公十一年》："天王使召武公、内史过赐晋侯命，受玉惰。"杜预注："诸侯即位，天子赐之命圭为瑞。"

命圭是诸侯身份地位的象征，居则守之，觐则执之以见王，所以《周礼·考工记·玉人》郑玄注称："命圭者王所命之圭也，朝觐执焉，居则守之。"《诗经·大雅·韩奕》则有"韩侯入觐，以其介圭，入觐于王"的记载。

成书于战国晚期或汉初的《周礼》对此种命圭制度有更系统化的描述，如《春官·大宗伯》曰："以玉作六瑞，以等邦国，王执镇圭，公执桓圭，侯执信圭，伯执躬圭，子执穀璧，男执蒲璧。"而《考工记·玉人》则对各种瑞圭的尺度有详细的记载："玉人之事，镇圭尺有二寸，天子守之；命圭九寸，谓之桓圭，公守之；命圭七寸，谓之信圭，侯守之；命圭七寸，谓之躬圭，伯守之。"

正因为玉圭具有特殊的重要性，所以被周人视为祥瑞之物，如《墨子·非攻下》记载商纣王无道，"天不序其德"，而"赤鸟衔珪，降周之岐社，曰：'天命周文王伐殷有国'"，这就把周人受命与玉圭联系在一起了。

虽然圭是周代重要的瑞玉，但历代学者对其形制却有着不同的认识[8]。20世纪80年代，夏鼐先生著文考证圭是条形片状且有三角形尖首的一类玉器[9]，因这种形制的器物不仅合于汉碑上所见的圭，也多见于考古实物，所以这一意见已被学术界普遍接受。

在考古资料中，有一类器物和尖首圭的形制十分接近，这就是玉戈。一般而言，区分圭、戈的主要标准仅在于戈有一个明显的内部，而圭则无。但事实上，很多小型戈的内部并不明显，和圭很难区别，所以从本质上讲戈与圭并无区别，两者仅存在着制作工艺上区别，圭就是简化了内部的戈，换言之，芮国墓地出土的玉戈其实就是当时的玉圭。

周代的玉圭大致可以分为两类：一类是器体长度超过20厘米的大型玉圭；另一类则是器体长约10厘米的小型玉圭。前者主要见于周王朝大夫和列国诸侯这一级别的贵族墓中，另有少量的列国大夫级贵族墓也见使用；后者虽然也多见于高等级贵族墓，但在平民墓葬中也偶见。这两种体量不同的玉圭在性质上其实也是截然不同的，大玉圭可称为瑞圭，属于礼玉，而小玉圭则是饰件，属于普通的服饰用玉。

大型玉圭在周代墓葬中的分布也很有规律，主要见于两处：一是棺椁之间或棺椁盖板上；二是墓主的胸腹部。芮国墓地的情况也是如此，最典型的如M27，不但外棺盖板上有玉圭，而且墓主胸腹部也放置了至少两件大玉圭。特别是墓主胸腹部的两件，不但器身长度超过30厘米，而且都是商代晚期或西周早期的器物，尤为难得。这一类的玉圭，即使并不一定就是周王所赐的命圭，但将其视为墓主身份地位的象征物无疑是可以的。

芮国墓地M26:185这件器物（图2），发掘者称之为"玉匕首"，其实也可以归入小玉圭一类。普通玉圭的内部作素面的长方形，而此器则雕琢为互为倒立的两龙纹，虽然造型特别，但在性质上和玉圭是一样的。这件器物长度仅

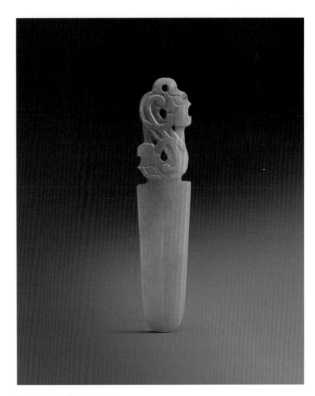

图2　玉匕首 M26:185

约 10 厘米，且内部的顶端有一圆形穿孔供穿系佩戴，所以不会是礼仪用玉而应归入装饰物的范畴。

（二）玉璧

自新石器时代以来，玉璧就是常见而又重要的器类，它的功能因时代、地域和文化的不同而有所差别。周代的玉璧，既可用于礼神，如：

《诗经·大雅·云汉》："靡神不举，靡爱斯牲。圭璧既卒，宁莫我听？"

也可用于馈赠，如：

《左传·僖公二十三年》："（僖负羁）乃馈盘飧，置璧焉。公子受飧反璧。"

还可用于交换，如：

《左传·桓公元年》："郑伯以璧假许田，为周公、祊故也。"

《左传·僖公二年》："晋荀息请以屈产之乘与垂棘之璧假道于虞以伐虢。"

除此之外，周代的玉璧还用于敛尸，《周礼·春官·典瑞》称："驵圭璋璧琮琥璜之渠眉，疏璧琮以敛尸。"

在考古发现中，周代墓葬的玉璧多是放置在墓主胸腹部或压在墓主的背下，典型者有：晋侯墓地 M8 墓主胸部有玉璧 1 件、背下又压着璧 2 件和玉钺 1 件[10]，晋侯墓地 M93 墓主胸腹部有玉璧 6 件[11]，而虢国墓地 M2001 墓主肩背之下也压有玉璧 6 件[12]。很显然，这些玉璧都是在袭敛过程中放置在死者身体周围的，故可称之为"敛璧"。这种敛尸用璧在两周时期流传有绪，尤其是自战国中晚期以后，一些高等级贵族墓开始使用十余件甚至数十件玉璧敛尸，而这一传统在西汉时期得以继承，汉代诸侯王墓常见用璧敛尸再穿着玉衣的现象[13]。

芮国墓地中以 M27 出土玉璧数量最多，共有 6 件，而且全部都是放置在墓主胸腹部或压在背下的，所以它们都是典型的敛璧。

三、芮国玉器中的服饰用玉

在中国古代"美石为玉"观念的指导下，玉可能最早就是用作装饰物而被人所佩戴的，所以早在新石器时代诸如璜、玦和项饰一类的饰物已经被广泛地使用。服饰用玉是周代贵族人士的必备之物，所以《礼记·玉藻》说"古之君子必佩玉"和"君子无故玉不去身"。

虽然在早期文献如《尚书》和《诗经》中保留有关于周代服饰用玉的零星记载，但据此远不足以了解当时服饰用玉的详细情况。但根据已有的考古资料，我们已经知道周代的服饰用玉主要有发饰玉器、耳饰玦、项饰、组玉佩以及手、脚腕饰等多种。

（一）发饰玉器

已知的周代发饰玉器主要包括两类：一是用来束发、绾发的束发器，二是用来装饰头发的饰发器。在考古材料中，有时很难从功能上区分两者，所以可以统称为发饰玉器。周代用来束发的玉器主要是玉笄，东周时期玉梳也较为常见，此外，某些造型细长的玉器如玉鱼和柄形器有时也用来绾发，这在功能上和玉笄是相同的。

饰发玉器的功能是装饰和美观，所以使用的玉器器类就更加广泛而缺乏定制，不过从现有的材料观察，动物造型的玉器是周代比较流行的饰发之物。如宝鸡茹家庄 M1 强伯墓墓主人的头部就有玉鸟 3 件、玉鱼 3 件和玉兔 1 件，该墓殉妾的头部则有玉鹿 5 件、玉虎 1 件、玉牛 1 件和玉鸟 4 件；晋侯墓地 M92 墓主头部也有玉鸟 4 件；而曲村 M6080 这座西周早期的女性墓主部则用玉蚕、蝉、鱼、管和玉珠组成的串饰 1 组[14]。

芮国墓地中能够确认为发饰玉器的器物很少，M27 墓主头部有素面白玉管和玉兽各 1 件，从出土位置来看，应该是此类器物。尤其是 M27:223 这件玉管（图 3），虽然素面无纹，但形制规整、玉质洁白且打磨细致，无疑有很

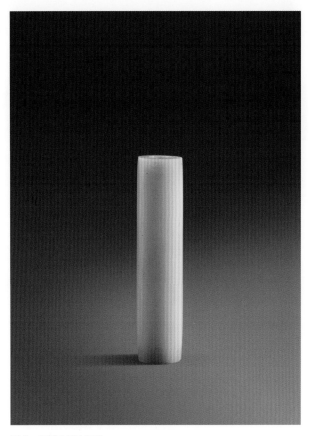

图3　玉管 M27:223

图4　玉玦 M27:199-5、6

好的装饰效果。

（二）耳饰玦

耳饰玦是最早出现的玉器器类之一，早在新石器时代中期的兴隆洼文化就已经开始使用。在周代，耳部的饰物称为"瑱"或"珥"，如：

《诗经·卫风·淇奥》："有匪君子，充耳琇莹。"毛传："充耳谓之瑱。琇莹，美石也。"

《说文·玉部》："珥，瑱也。"

但到了清末吴大澂作《古玉图考》时，将圆形有缺口的一类器物称为"玦"[15]，而在先秦文献中，"玦"也作"决"、"抉"或"决"，实际上是指射箭时佩戴在右手大拇指上钩弦之器。现在已经知道，吴大澂所谓的"玦"，多见于墓葬中墓主的耳部，是耳饰之物，当名之为"瑱"，而不应该叫"玦"，但由于吴氏的观点已经深入人心，学术界依然习惯把耳饰玉器称为"玦"或"耳饰玦"。

耳饰玦主要流行于西周和春秋时期，到战国时期除秦国外，其他各国已经非常罕见。由于耳饰玦是最普通的饰物，所以周代各个阶层人士都可使用，但总体而言，高等级者多于低等级者，女性多于男性。

芮国墓地耳饰玦的使用情况符合上述特征，如在第四等级墓葬中，玦几乎是唯一的玉器器类，其中更有以石玦、蚌玦替代的现象。而在第一等级墓葬中，则多见同时随葬多组耳饰玦的现象，这应是把墓主生前所用的多组玉玦同时埋葬的结果。此外值得注意的是，M27:199-5、6两件玉玦的造型是管状而有缺口（图4），与传统所见环形有缺口的玦明显不同，这是春秋时期出现的新器类。

（三）项饰

项饰古称为"婴"、"缨络"或"璎珞"，如《说文·女部》就说："婴，绕也……贝连也。颈饰。"

周代项饰多以玉石珠贝一类器物串联而成，但其结构和使用制度失载于文献。考古资料显示，在周代不论男女都有佩戴项饰的习俗，但贵族阶层多使用玉质项饰。在西周早期和中期偏早阶段流行以玛瑙珠、玉蚕为主要构件的项饰，到了西周中期偏晚和西周晚期则多见以玉牌为主要构件并以若干玛瑙珠、料珠连接而成的项饰。后者是周代项饰的主流，多见于高等级的贵族墓葬，玉牌的形制多样，但以马蹄形、莲瓣形和长方形最为多见。在低等级中则多见料珠、玛瑙珠或绿松石珠所组成的项饰，或者用冻石牌饰代替玉牌作为项饰中的主要构件。项饰的构件种类及其质料的不同，反映了佩戴者经济能力的高低。

在芮国墓地中，玉牌项饰均见于第一等级墓葬中，而随葬有项饰的几座第三等级墓葬如 M17、M35、M2 和 M49 都仅有玛瑙珠项饰，与第一等级墓葬的项饰差别显著。最有意思的是第三等级的 M51，墓主佩有一组玉牌项饰，但四件玉牌中两件作马蹄形、一件为莲瓣形，另一件则是不规则形，反映了墓主获取玉牌之不易，所以杂取各类牌饰组成一组项饰。至于第四等级的 25 座墓葬，则没有任何墓葬出土项饰，这说明当时社会的底层与项饰完全无缘。

（四）组玉佩

周代服饰用玉中结构最复杂、色泽最鲜艳者是以璜为主要构件、并以各类管珠连缀而成的成组佩玉。因为这类佩玉结构复杂，所以学术界习惯上称之为"组玉佩"，但在《诗经》中则称作"佩玉"或"杂佩"，如《卫风·竹竿》："巧笑之瑳，佩玉之傩。"《郑风·女曰鸡鸣》："知子之来之，杂佩以赠之。"《郑风·有女同车》："有女同车，颜如舜华。将翱将翔，佩玉琼琚。"

在已知的考古材料中，这类组玉佩主要见于诸侯和大夫级墓葬中，而以前者多见，如宝鸡强国墓地的几座强伯墓、张家坡井叔及其夫人墓、上村岭虢国墓地的虢季墓、虢季夫人梁姬墓以及虢太子墓、晋侯墓地的晋侯及其夫人墓等。一般而言，诸侯级贵族所使用的组玉佩中玉璜的数量以 4～7 件者居多，具体数量带有较大的偶然性而缺乏

定制，但大夫一级的贵族所佩戴的组玉佩通常只有 1～3 件玉璜，两者之间的差别是比较明显的。

芮国墓地中，M27 芮桓公墓和 M26 仲姜墓出土的两组七璜组玉佩最为引人注目，而 M19 桓公次夫人以及其他等级各墓均没有组玉佩，进一步说明多璜组玉佩是当时最为贵重的佩玉。两组佩玉中，芮桓公墓所出的一组七件玉璜都是商代和西周早中期的器物，换句话说，桓公所佩的组玉佩是前代"文物"的汇集，其珍贵程度更非一般组玉佩可以比拟。

图 5　梯形牌串饰 M26:587

长期以来，学术界认为这类组玉佩就是西周金文中屡屡提到的"黄"，并把组玉佩看作是佩戴者身份地位的象征物，但考古资料并不支持这种观点。因为在当时的男女贵族墓葬中，女性贵族墓使用组玉佩的频率、套数以及每套组玉佩中玉璜的数量均普遍高于同等级的男性墓，这种现象无疑表明组玉佩更多地是作为装饰用器而非礼仪用器出现的。当然，由于当时玉器极为昂贵，低级贵族和平民根本无力拥有，所以他们的墓葬中几乎不见这类器物。

在西周和春秋早期，除了以玉璜为主要构件的组玉佩外，还流行一种玉牌联珠串饰，即以一件梯形的玉牌（或骨牌、象牙牌）为主体，在玉牌的上下两端各有若干穿孔以连缀多股玛瑙珠、料珠、玉管或小玉圭一类的饰件。这种联珠玉牌组玉佩是周代女性贵族的专有之物，而且都是佩戴在墓主右肩一侧而垂于腰际的。在芮国墓地中，仅仅在 M26 仲姜墓出土了这种器物（图5），而且也是见于墓主身体的右侧，这就更加证实此类器物确是女性专用之物，而且多佩戴在右肩部。

（五）手、脚腕饰

在出土资料中，用作手、脚腕饰的玉器比较少见，在芮国墓地发掘之前，最重要的有以下几处：虢国墓地 M2012 梁姬墓墓主两手各有腕饰 1 组，其中右手一组 21 件，主要构件包括鸟形佩、蚕形佩和玉管等物，而左手的一组则包括 126 件玛瑙珠、料珠和玉管；M2011 虢太子右手腕饰一组 87 件，左手一组 80 件，主要用玛瑙珠和玉兽面组成，间有少量料珠[16]。脚部的玉饰则以晋侯墓地所见的比较典型，如 M113 墓主是晋侯燮父的夫人，两脚踝处各系有镂空玉器 1 件；M64 晋穆侯的足端有马蹄形玉片 2 件，M31 晋献侯夫人的足端有小玉圭 1 组 10 余件，这些器物也都应该是足部所系的装饰品[17]。

相对而言，手、脚玉腕饰在芮国墓地中是比较普遍的。在第一等级的墓葬中，除 M28 外，其余的 M502、M27、M26（图6）和 M19 都见出土，或在手腕，或在脚腕，或是两者皆有。其中 M502 不但在脚腕处有腕饰，手部的两组海贝腕饰也可以看作是玉腕饰的替代品。第二等级的 M586 墓主脚腕处的龙形玉佩和不规则形玉坠，应是比较简单的腕饰；而第三等级墓葬 M17 墓主右手的玛瑙珠腕饰和 M508 手部所见的 1 件绿松珠，则可以看作是最简单的腕饰了。

四、芮国玉器中的丧葬用玉

根据文献记载，周代一个完整的丧礼包括丧、葬、祭三个阶段："丧"是指从人之初死到下葬之日，"葬"是指葬日，而"祭"包括下葬以后对死者的各种祭祀。丧葬用玉就是指在丧、葬、祭三个阶段中为死者专门设置的各类玉器。

周人使用丧葬用玉是有深刻的文化和信仰背景的。首先，周人相信人死后化为魂魄，魂气上天而形魄留于墓穴，魂气有知所以人死后能为鬼、能与生人继续交流；而魂魄

图6　握饰 M26:267

能否强健，则取决于它们能否得到足够的"精气"。其次，周人视玉为精物，也就是蕴涵精气丰富的物质，所以用玉随葬就可以起到强健死者之魂的功效。

周代的丧葬用玉主要包括饰棺用玉、玉覆面、琀玉、握玉、敛璧、足端敛玉和墓地祭祀用玉等七类，但在芮国墓地中，主要是琀玉、握玉和荒帷上的玉石坠饰这三种器物。

（一）琀玉

在周人的丧葬习俗中，流行往死者口中放置口含物的做法，放置的东西主要有三类：一是谷物，文献中称为"饭含"；二是海贝，文献中称"槁骨"；三是玉石器，文献中称为"琀"。谷物易朽，所以墓葬中难见遗留，而后两者在周代墓葬中都很普遍。

《公羊传·定公五年》何休注中曾经有"含，天子以珠，诸侯以玉，大夫以碧，士以贝"的记载，但这种说法颇不合于考古发现。从出土资料来看，不仅高等级墓葬使用琀玉，相当数量的平民墓葬也见这类玉器；同时，几乎任何一种玉器都可用作琀玉，而以何种玉器为琀其实并不具备等级意义；此外，因为琀玉放置在死者的口腔之中，所以多用器体较小的玉器，或者将器形较大者砸碎后再用作琀玉。

芮国墓地出土的琀玉也体现了上述特征。从等级上讲，不仅第一等级的M502用玉琀，第四等级的墓葬中也有6座使用了玉或石琀；从器类上看，举凡残玉琮、残玉玦、残玉环、碎玉和不规则玉片都可用为琀玉。这些现象无不说明琀玉在周代是具有普遍意义的丧葬用物。

（二）握玉

所谓的握玉就是指握于墓主手中的玉器，这也是周代墓葬中常见的一类丧葬用玉。和琀玉类似，握玉在器类的选择上也无定制，但以长条状器物或器体较小者如束腰形玉管、玉鱼、柄形器、玉圭以及玉贝和海贝等物较为常见。芮国墓地中握玉主要见于M27、M26和M19这组墓葬，但发掘简报未说明具体器类。

（三）棺饰用玉

在周代高度发达的丧礼中，棺椁制度占有重要的地位。棺椁重数和棺椁饰物成为死者身份地位的重要标志物。由《礼记·丧大记》等文献记载可知周代的棺饰主要是荒帷，它的主要功能是出殡时覆盖在棺柩之上，以避免行人对死者灵柩的厌恶之心，下葬时则随棺木一起埋入墓圹。

从文献记载和考古实物来看，荒帷本身也是有纹饰和饰物的，这在芮国墓地中表现得尤为清楚，如M502和M586两墓外棺四周有荒帷的残留，尚能看出红、褐色的几何形图案。荒帷上有池，池下有振容一类的饰物。在芮国墓地多座墓葬的椁室中发现铜鱼、海贝和石坠等物组成的串饰，发掘者已经指出它们都是池的饰物[18]。而M26和M19两墓中用作荒帷饰物的玛瑙珠和石坠多至数千件，这在周代墓葬中是很罕见的，反映了此类器物在芮国颇为流行。

以上所论是芮国玉器的总体特征，而芮国墓地的出土玉器还有一些特殊现象：比如同为国君级墓葬，M27与M28随葬玉器的数量极其悬殊，其中必有缘由；再如，从总体上看，芮国玉器中早期遗留物所占比例偏高，M27出土玉器尤其明显，原因何在？此外，西周晚期和两周之际是玉覆面使用的高峰期，但同是姬姓封国，数代芮君却无一使用玉覆面，个中原因也耐人寻味。凡此种种，作者已有专文加以探讨[19]。

作者单位：北京大学考古文博学院

(1) 孙秉君、蔡庆良：《芮国金玉选粹——陕西韩城春秋宝藏》，三秦出版社，2007年。

(2) 陕西省考古研究院等：《陕西韩城梁带村遗址M27发掘简报》，《考古与文物》2007年6期；《陕西韩城梁带村遗址M19发掘简报》，《考古与文物》2007年2期；《陕西韩城梁带村遗址M26发掘简报》，《文物》2008年1期。

(3) 陕西省考古研究院等：《梁带村芮国墓地——二〇〇七度发掘报告》，文物出版社，2010年。

(4) 孙庆伟：《周代用玉制度研究》，上海古籍出版社，2008年，213-217页。

(5) 河南省考古研究所等：《三门峡虢国墓》（第一卷）上册，文物出版社，1999年，27页，图15。

(6) 发掘报告称M502:72这件柄形器"出土于椁室西壁附近略偏北位置，距椁底约60厘米"，据此可知此器原来当放置在外棺盖板上，后因某种原因滑落至棺椁之间。参看《梁带村芮国墓地——二〇〇七度发掘报告》，37页。

(7) 这5件玉璧也可能全部或部分在墓主胸腹部下，发掘简报未说明。

(8) 孙庆伟：《西周玉圭及相关问题的初步研究》，《文物世界》2000年2期。在该文中作者将历代学者的观点归纳为四个系统：《说文》系统、郑注《周礼》系统、汉碑画系统和吴大澂《古玉图考》系统。

(9) 夏鼐：《商代玉器的分类、定名和用途》，《考古》1983年5期。

(10) 北京大学考古系等：《天马—曲村遗址晋侯墓地第二次发掘》，《文物》1994年1期。

(11) 北京大学考古系等：《天马—曲村遗址晋侯墓地第五次发掘》，《文物》1995年7期。

(12) 河南省文物考古研究所等：《三门峡虢国墓》（第一卷），文物出版社，1999年，32页。

(13) 关于战国和西汉墓葬出土的敛尸用璧可参看町田章：《中国古代の葬玉》，奈良文化财研究所，2002年。

(14) 参看孙庆伟：《周代用玉制度研究》，139-150页。

(15) 吴大澂：《古玉图考》，《古玉考释鉴赏丛编》，书目文献出版社，1992年。

(16) 河南省考古研究所等：《三门峡虢国墓》（第一卷）上册，278-283页，356-361页。

(17) 参看孙庆伟《周代用玉制度研究》16-20页。

(18) 陕西省考古研究院等：《梁带村芮国墓地——二〇〇七度发掘报告》，223-224页。

(19) 孙庆伟：《由物见人——芮国玉器中折射出的芮国史事》，"陕西韩城出土芮国文物暨周代封国考古学研究国际学术研讨会"递交论文，上海博物馆，2012年8月13-15日。

梁带村 M27 出土金器初探

◎ 冯峰

陕西韩城梁带村墓地的发掘是近年来周代考古的重大成果。墓地出土随葬器物众多，其中 M27 所出的金器特别引人注目。该墓据铜器铭文可知为一代芮公之墓，随葬金器达 40 余件，是目前已知的随葬金器最多的两周墓葬之一。金器的种类也不少，有的在其他墓葬中已有出土，有的则是首次发现。2007 年出版的《芮国金玉选粹》[1]（以下简称"《选粹》"）详细公布了这批金器的资料，为相关研究提供了便利。本文试图结合已有考古发现，讨论部分有代表性的金器，并在此基础上考察它们所涉及的时代背景和文化联系。

一

《选粹》公布的 M27 出土金器有"鹰首金玉韘" 1 件、"金肩饰" 1 件、"兽面拱形金肩饰" 2 件、"金剑鞘" 1 件、"盾形金饰" 2 件、"龙形金环" 12 件、"龙纹方形金饰" 1

图 1　陕西韩城梁带村 M27 出土的三角形金牌饰

件、"金环" 1件、"牛首金扣环" 6件、"兽面金饰" 4件、"金泡" 10件、"金手镯" 1件，共 42件，实际数量则更多[2]。下面选取其中有代表者展开讨论。

（一）

梁带村 M27 出土了两件制作精致的三角形金牌饰（图1）[3]，《选粹》称"盾形金饰"，《简报》则称"三角形牌饰"。这两件金牌饰正面上部中央均有一个突出的兽首，外缘各有 8 个小圆孔。形制相近的金牌饰还出土于山西曲沃北赵晋侯墓地 M8（图2-1）[4]、羊舌晋侯墓地 M1（图2-2）[5]、河南三门峡上村岭 M2001（图2-3）[6]，但均只出一件。三角形牌饰流行于西周晚期到春秋早期。质地除了金质，还有铜质和石质两种。铜牌饰数量最多，出土于河南三门峡上村岭 M2001[7]、M1715[8]、浚县辛

村 M18[9]、南阳万家园 M202[10]、洛阳 C1M9950[11]、山西侯马上马 M4078[12]、陕西韩城梁带村 M502、M586、M28[13] 等墓，正面多有兽首，也有的通体素面者；每墓出土数量少则一件，多则两件。石牌饰见于上村岭 M1706、M1810，各出一件[14]。

梁带村 M27 还出土了 12 件双龙形金环饰，《选粹》称之为"龙形金环"，按纹饰细部差异可分两组，每组 6 件（图3-1）（图3-2）[15]。据目前已发表的资料，这类环饰在西周晚期到春秋早期墓葬中多有出土，但均为铜质[16]。每墓出土数量大多为偶数，如上村岭 M2001、M1715 各出土 6 件[17]，梁带村 M502 出土 8 件[18]；梁带村 M28 虽出土 13 件，但大小相当者 12 件[19]。只有洛阳 C1M9950 出土 7 件[20]，似较特殊。双龙形环饰与三角形牌饰关系密切，出有前者的

 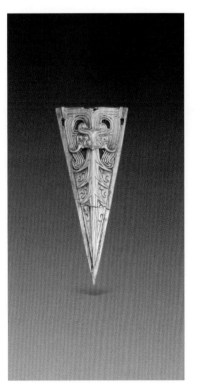 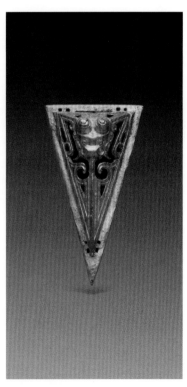

图 2-1 山西曲沃北赵晋侯墓地 M8 出土的三角形金牌饰　　图 2-2 山西羊舌晋侯墓地 M1 出土的三角形金牌饰　　图 2-3 河南三门峡上村岭 M2001 出土的三角形金牌饰

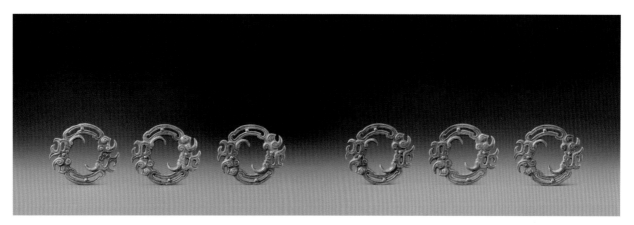

图 3-1 梁带村 M27 出土的双龙形金环饰 A 型

图 3-2 梁带村 M27 出土的双龙形金环饰 B 型

墓葬必同出后者，且两者质地相同，数量比常为 6:1（图4）[21]。出土三角形牌饰的墓葬有的不出双龙形环饰，但却往往有"替代物"。北赵晋侯墓地 M8 与三角形金牌饰同出者有 5 件"弧面扁环"等（图5）[22]，上村岭 M2001 则出土了 7 件"正面有二周凸弦纹"的扁平金环（其中 6 件大小相当）（图6）[23]；它们与梁带村 M27 出土的双龙形金环饰显系同类物。在出土三角形牌饰的墓葬中，还常出一种盘龙形的圆环饰，如：万家园 M202 出土两组 8 件[24]，梁带村 M586 出土 7 件（形体纹饰相近者 6 件）[25]，均为铜质；上村岭 M1810 出土 4 件，为石质[26]；M1706 出土 6 件，为蚌质[27]；从出土位置、形体、数量等方面看，两种环饰均与双龙形环饰功用相当。

三角形牌饰和各类环饰，目前基本被定性为"腰带饰"。这种认识始自 1959 年出版的《上村岭虢国墓地》。上世纪 50 年代上村岭墓地的发掘中，有三座墓葬出土了三角形牌饰和环饰，报告判断它们出土时"位于人架腰部"，因而

图 4　上村岭 M1715 出土的三角
形铜牌饰和双龙形铜环饰

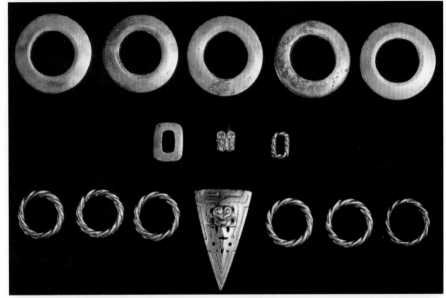

图 5　北赵晋侯墓地 M8 出土的三
角形金牌饰和金环等

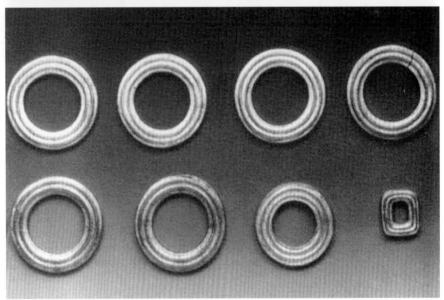

图 6　上村岭 M2001 出土的金环

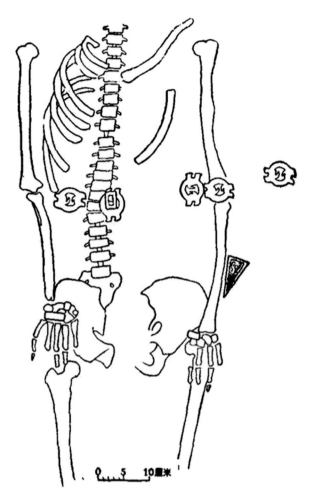

图 7-1 上村岭 M1715 出土三角形牌饰和环饰情况

图 7-2 上村岭 M2001 棺内金玉器出土情况

称它们为"腰带饰",还公布了一张"第 1715 号墓铜腰带饰出土位置图"(图7)[28]。1964 年出版的《浚县辛村》接受了上述结论,将上世纪 30 年代浚县辛村 M18 出土的一件三角形铜牌饰命名为"腰带饰"(发掘时曾"按形制推测为鞶饰之类")[29]。此后,这种认识得到了普遍的认可。三角形金牌饰和各类金环饰也无例外地并定为"腰带饰",如梁带村 M27 所出者,《选粹》即认为是"腰带的组件之一",

"应是腰带的组成构件";上村岭 M2001 所出者,报告认为"出土时位于墓主人腰部,应是墓主人腰带上的饰物"[30]。其实这种定性可能并不成立,有必要做细致的分析。

首先,从出土位置看,环饰多不位于墓主腰部,且有的分布要超出墓主人体范围。如图 7-1 所示,上村岭 M1715 一字排开的 6 件铜环饰明显位于腰部以上,已接近下端的肋骨;靠左的环饰不但超出墓主的左臂,而且其中

图 8　梁带村 M27 棺内金、玉器出土情况

之一还叠压在左臂骨骼上。从图 7-2 看，上村岭 M2001 金环饰在分布范围上倒是未有明显的"疑点"，有的还叠压在墓主身下，像是环绕墓主身体的一周金饰，但其整体位置却更为偏上，已经接近墓主胸部。梁带村 M27 的双龙形金环饰呈一字排开，两端范围远远超过墓主范围（图8）；同样现象还见于梁带村 M502[31]。梁带村 M28 的双龙形铜环饰呈两列分布[32]，偏下一列大致位于墓主腰部，偏上一列却明显位于墓主腰部以上。上述现象都难用"腰带饰"来解释。

　　其次，三角形牌饰的出土位置尽管多与墓主腰部平齐，但地点较为固定，一般位于墓主腰部左侧，如上村岭 M1715、M2001（如图 7 所示）、北赵晋侯墓地 M8[33]、万家园 M202[34]、梁带村 M586[35]。出土两件者有的位于腰部左侧，如梁带村 M502、M28；有的则分别位于左右两侧，梁带村 M27 出土的两件即是如此（如图 8 所示）。此外，上马 M4078 从发表的墓葬平面图看，牌饰似位于墓主右侧[36]；羊舌 M1 的金牌饰出土时也位于墓主右侧[37]，但该墓棺内经扰动，牌饰未必保持原始位置。只有洛阳 C1M9950 大致位于中部。从三角形牌饰的位置也看不出它与"腰带饰"有什么联系。

再次，三角形牌饰和环饰的相对位置较为固定。一般来说，成列的环饰位于上方，三角形牌饰则位于其下方（以墓主头向为上），两者间距虽然远近不一，但相对位置却没有例外。特别值得注意的是上村岭 M2001，其内棺盖上随葬一件三角形铜牌饰和 6 件双龙形铜环饰，环饰呈一字排开，牌饰正位于其右下方，显然与上述多数墓中牌饰和环饰的相对位置一致[38]。梁带村 M28 铜环饰呈上下两列分布，位于其下方的两件铜牌饰也一上一下，可能分别对应两列环饰。上述牌饰和环饰固定的相对位置也不具备"腰带饰"的特征。

因此，三角形牌饰和各类环饰应该不是通常所认为的"腰带饰"，它们当另有功用，只是目前尚无从考察。但现有的迹象，尤其是上村岭 M2001 内棺盖上的发现，说明它们可能通过某种已腐朽的织物连为一体，三角形牌饰外缘的小孔应用以将牌饰固定在织物上。在墓葬中，这一器组很可能放置于墓主遗体的最外层，有的像是直接铺在最

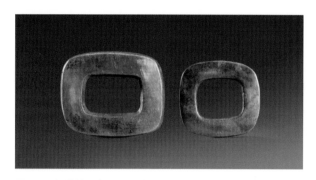

图 9-1　梁带村 M27 出土的金环

图 10　上村岭 M2001 出土的兽首金饰

图 9-2　梁带村 M27 出土的兽首金饰

上层，如梁带村 M27 金环饰不但位于玉组佩之上，而且还叠压金剑鞘和玉剑，即可为证；当然也有的墓葬环饰似乎环绕墓主身体，如上村岭 M2001，但位于上方的环饰叠压玉组佩，说明它们仍应是最外一层的"点缀"。

梁带村 M27 还出土了两件小金环和 4 件兽首金饰（图9）[39]。小金环近方形，与双龙纹金环饰共出，但形体明显较小。这类金环在北赵 M8 和上村岭 M2001 也有出土（见图5、6），出土位置同样接近金环饰；上村岭 M1715 出土一件形制相近的小铜环，则叠压在一件双龙形铜环饰之上。说明这类小环与环饰关系密切。4 件兽首金饰兽首两侧均有上卷的"獠牙"，出土时位于三角形金牌饰附近；同类物还见于上村岭 M2001，共出土 3 件（图10），其中两件靠近金环饰，另一件则位于三角形金牌饰附近，显示了与二者的密切关系。北赵 M8 出土的一件兽首金饰，形制与以上二者不同，但功用可能相同。

此外，梁带村 M27 还出土了 10 件金泡[40]，3 件较大，7 件较小，从出土位置看，应是与金环饰同一层位的饰物。同类物在其他墓葬中尚未有发现，与上述金器的关系也不明了。

（二）

据《简报》梁带村 M27 出土金韘和玉韘各两件。《选粹》则只公布了一件金韘（图 11-1）[41] 和两件玉韘，其中一件玉韘所谓"鹰首"部位为金质，可称镶金玉韘（图 11-2）[42]。金韘有佩件"人面兽身玉饰"，也是某种形式的金玉组合。据《选粹》，玉韘"出土于墓主人左手掌附近"，镶金玉韘"出土于墓主人右手掌附近"，金韘则"出土于墓主人左手掌下方"。

韘又称玦、决，俗称扳指。《说文解字·韦部》："韘，射玦也，所以拘弦，以象骨。韦系着右巨指。"说明韘是戴在右手拇指上用以钩弦射箭的用具。考古发现的韘大多数为玉质，少数为骨、漆、木质等[43]；梁带村 M27 出土的金韘和镶金玉韘是首次发现。在西周晚期到春秋早期的墓葬中，韘已发现数件。除了梁带村 M27 外，北赵晋侯墓地 M8、羊舌晋侯墓地 M1、上村岭 M2001 都有出土，但均为玉质。其中北赵 M8 出土两件，分别位于墓主两手处；上村岭 M2001 出土一件，位于墓主右手处；羊舌 M1 也出土一件。无论金韘还是玉韘，应该都不是实用器，而是一种礼仪性的佩饰。在上述墓葬中，梁带村 M27 出土的韘在数量和质地方面都显得非常突出。

图 11-1 梁带村 M27 出土的金韘

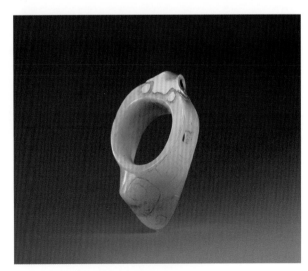

图 11-2 梁带村 M27 出土的镶金玉韘

（三）

梁带村 M27 出土了一件金剑鞘，同出的还有一柄玉剑（图12），出土时已与剑鞘分离。这种金剑鞘和玉剑的组合，在考古发现中尚属首次。它们显然不具备实用性，应该只是一种礼仪用器。

玉剑出土时剑体已断，剑柄外原曾包裹有其他材质，但已腐朽。该剑的突出特征是剑格部为一两侧有上卷"獠牙"的兽首。这类兽首格短剑，在东周时期较为常见。张天恩先生曾讨论过"秦式短剑"，认为"已知秦式短剑的格部均饰兽面或变形兽面纹，基本上没有例外的现象"[44]。梁带村玉剑即与所谓"秦式短剑"格部特征相同。

金剑鞘正面为三组镂空的纹样，《选粹》认为"相类的纹饰特征在西周晚期即已出现"[45]。在已知的剑鞘中，与之形制纹饰最为相似的是日本学者高浜秀《オルドス青銅短剣の型式分類》一文中图 31 铜剑的剑鞘，差别仅在于质地不同。这柄铜剑格部也是两侧有上卷"獠牙"的兽面，与梁带村玉剑不同之处在于铜剑首端尚有一个与格部兽首方向相反的小兽首（图13-1）[46]。与它风格相近的有内蒙古宁城南山根 M101 出土的铜剑（图13-2）[47]，年代为春秋早期，正与梁带村 M27 时代相当。

据我掌握的资料，带剑鞘的兽首格剑除了梁带村玉剑和前揭高浜秀文中图 31 铜剑外至少还有两柄，一柄现藏日本（图13-3）[48]，铜剑鞘近鞘口处有一个长方形穿；另一柄为卢芹斋旧藏，剑鞘上有两个长方形穿[49]。两件剑鞘形制上均与梁带村金剑鞘接近，但纹样有异，带穿的风格可能年代较晚。它们大概都是实用器。

目前发现的兽面格剑中，梁带村金剑鞘并非唯一有金质构件者。日本东京白鹤美术馆所藏的铜剑（图13-4）[50]和山东沂水刘家店子 M1（时代为春秋中期）出土的铁剑（图13-5）[51]，柄部均为金质。但无论从黄金用量还是奢华程度上讲，都难以与梁带村金剑鞘相媲美。

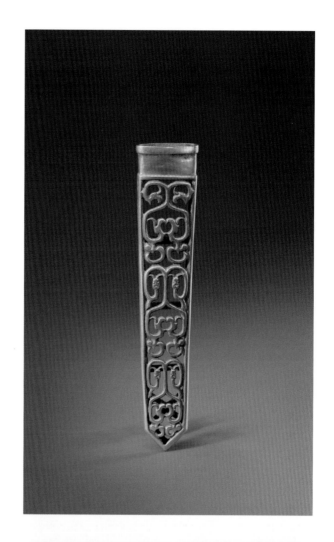

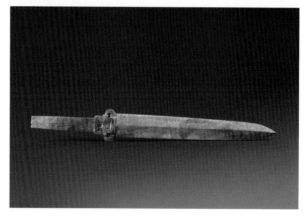

图 12　梁带村 M27 出土的金剑鞘和玉剑

图 13-5
山东沂水刘家店
子 M1 出土的铁
剑之金柄

图 13-1　兽首格铜剑及剑鞘　　图 13-2　内蒙古宁城南山根　　图 13-3 带剑鞘的　　图 13-4 日本东京
　　　　　　　　　　　　　　　　　 M101 出土的兽首格铜剑　　兽首格铜剑　　　 白鹤美术馆所藏
　　的金柄铜剑

（四）

　　梁带村 M27 出土了 4 件金丝绕环（图14），两两一组，大小有别。《选粹》介绍了其中的一件，将之定性为"金手镯"，称其"出土于墓主人左手腕"，制作方法是"先将纯金延展锻造成均一的金线，金线两端并收拢成尖；下一步将金线以圆形的形式环绕四匝"[52]。由于目前资料不详，不知这件"金手镯"（直径 4.5 厘米）出土时是否套在墓主手腕上。

　　与梁带村所出金丝绕环风格相同者，主要发现于北方地区。宁城南山根 M101 出土两件"金丝小绕环"，直径分别为 3 和 3.1 厘米（图15-1）[53]；宁城小黑石沟 M8501 和 M8061 分别出土了 4 件和 2 件"金耳环"，其中 M8501 所出者，也可分为大小有别的两对，"金丝绕成三匝，两端端头尖锐"，直径分别是 4.2 和 5 厘米（图15-2）[54]，形制和

尺寸均接近梁带村所出者。上述几座墓葬均属于夏家店上层文化，该文化的其他墓葬有的还随葬与金丝绕环形制相同的铜丝绕环，如宁城小黑沟 92NBXBIM3 所出土的两件"呈弹簧形，均为铜丝绕成三匝。直径分别为 4.5、5.4 厘米"[55]；宁城梁家营子 M8071 出土的两件"以铜丝绕成二圈半，形如弹簧，直径 4.7、粗 0.2 厘米"[56]。小黑石沟报告将出土的金丝绕环和铜丝绕环均称作"耳环"，似乎证据不足。同属夏家店上层文化的敖汉周家地 M45 出土过 4 件耳环，发现时位于墓主两耳处，但它们"用铜丝作成螺形，一端略粗，另一端较细，便于穿缀"[57]，形制与铜丝绕环尚有差异。但晚于上述墓葬的延庆军都山玉皇庙墓地（属玉皇庙文化）却发现了大量的金丝绕环和铜丝绕环，每墓两件，位于墓主耳部，可确定为耳环；只是这些耳环尺寸较小，

图 14　梁带村 M27 出土的金丝绕环

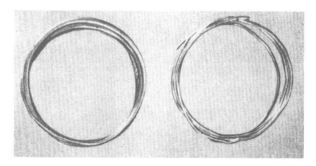

图 15-1　内蒙古宁城南山根 M101 出土两件 "金丝小绕环"

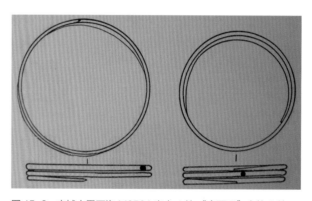

图 15-2　宁城小黑石沟 M8501 出土 4 件 "金耳环" 中的 2 件

如 YYM250 出土的两件金耳环直径仅为 2.5 厘米（图 16）[58]。

　　梁带村 M27 的金丝绕环显然不是耳环；北方地区的金丝绕环和铜丝绕环也无是 "手镯" 的任何证据，尤其是与梁带村 M27 时代相当的夏家店上层文化发现的此类器物，用途还值得探究。

二

　　梁带村 M27 出土了 40 余件金器，数量在已发现的两周墓葬中仅次于春秋晚期的宝鸡益门 M2（104 件组）[59]，为两周金器的研究提供了丰富的资料。要想较深入认识这批金器，需将其放在大的时代背景下进行考察。

　　西周晚期到春秋早期，是两周金器发现较多的一个时

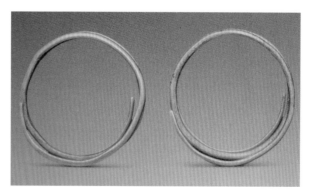

图 16　延庆玉皇庙 M250 出土金耳环

期。这时期墓葬出土的金器，又以梁带村 M27 所出者最为华丽，无论是数量、质量还是种类均可称冠。在梁带村 M27 出土的金器中，由三角形金牌饰和金环饰等组成的一组金饰件尤其值得注意；此类组合的饰件还出土于曲沃北赵 M1、羊舌 M1 等几座晋侯墓和上村岭 M2001 虢季墓（应为一代虢公之墓）。可以看出，它们的出现有着明显的时代性和等级性，时代集中在西周晚期到春秋早期，等级只限于当时诸侯国的最高层。地域分布也有规律，出土这组金饰的墓葬国别分属芮、晋、虢，这三国均位于今山西、陕西、河南三省交界的黄河两岸地区，相距较近，相互联系自然较为密切。文献方面，《左传》桓公三年载"虢仲、芮伯、梁伯、荀侯、贾伯伐曲沃"，是说春秋早期虢、芮曾联合干涉晋国内乱；后来晋献侯"假途灭虢"，更为人们所熟知。考古方面，在梁带村墓地中，虢、晋铜器均有发现[60]，其中梁带村 M18 出土的一件虢季鼎，纹饰、铭文与上村岭 M2001 出土的虢季鼎相近，应是一人所作[61]，这也反映了三国之间的紧密联系。镶的发现情况使得这一现象更加明显，已知的西周晚期到春秋早期出土金镶或玉镶的墓葬，国别也不外乎晋、芮、虢三国。

梁带村 M27 金器所反映的文化联系也需要探讨。这批金器中，有的是包括芮国在内的周文化区的产物，有的则明显受外来因素的影响，这种影响又有不同的情况。通过分析，大致可分为三组：

第一组，主要包括上述由三角形金牌饰、金环饰等组成的饰件和金镶。这些金器仅发现于周文化区。其中三角

形牌饰和环饰均发现铜质者，出土数量较多，分布范围较广。陕西扶风庄李铸铜遗址曾出土过铸造三角形牌饰、双龙形环饰和兽首饰的陶范，时代为西周晚期[62]，直接表明了其产地。

第二组包括金剑鞘和兽首格玉剑。上文已经提及，梁带村金剑鞘所配的兽首格玉剑，与张天恩先生所说的"秦式短剑"特征相近。但"秦式短剑"本身是一个有争议的概念。陈平先生即认为："（'秦式短剑'）并不是关中秦地所特有的，与之相似的短剑还在秦国以外的许多地方有所发现。"[63] 近年山西黎城塔坡楷国墓地 M10 出土一柄铜柄铁剑[64]，按形制可归入张天恩先生所分的 A 型"秦式短剑"[65]，时代发掘者认为"不会晚于西周晚期"，再次证明了所谓"秦式短剑"并不只流行于秦地。林沄先生根据冀北发现所谓"秦式剑"（张天恩先生归入"花格纹剑"），更进一步指出"这种形式特殊的剑并不是秦文化的剑，而是一种和秦人有一定交往的北方族团特有的剑"[66]；"因为秦人在此时根本无法到达冀北，可知这种剑称'秦式'之非，恐怕应名为'狄式剑'"[67]。甘肃宁县宇村 M1 出土的短剑被认为是"秦式短剑"的直接来源，对此林沄先生认为："宇村 M1 其实是兼有周式铜器和北方式铜器（如小罐、匙）的北方民族的墓。时代可定在西周晚期到春秋早期。"[68] 我觉得林沄先生的观点可取，这类铜剑称为"狄式剑"也更为合理。梁带村的玉剑和金剑鞘均可归入"狄式剑"，与当时北方地区的戎狄文化有一定的联系，不过具体属于哪些考古学文化还难以确定。冀北一带出土"狄

式剑"的玉皇庙文化族属为白狄[69]，是春秋中晚期才由西向东迁徙而去的，迁徙前曾与秦"同州"；他们或其祖先可能是"狄式剑"的主要使用人群之一。当然，"狄式剑"格部的兽首，特征与周文化区所出者接近，已有学者注意到这个问题，因此它很可能是文化交流的产物，对周文化区来说不能视之为纯粹的舶来品。

第三组只有金丝绕环，这种器类不见于周文化区其他墓葬，是典型的北方地带考古学文化的产物。上文已经指出，金丝绕环和铜丝绕环，多发现于夏家店上层文化和玉皇庙文化；其实它在北方地带的流行时间颇长，至迟在商代晚期即已出现；其分布范围也很广，在中国境外也多有发现[70]。与梁带村金丝绕环年代基本相当者是夏家店上层文化大型墓葬中出土的几件同类器，这种文化交流可能是在它们之间直接发生的；也可能有中间环节和其他途径。无论如何，它都是梁带村金器中最典型的外来文化因素。

最后谈一下西周晚期到春秋早期包括梁带村在内的周文化区墓葬大批金器"涌现"的缘由。

张明东先生认为："目前所见使用较多黄金制品的周代贵族墓葬主要分布在靠近戎狄地区的封国之中，如秦、晋以及芮国，三门峡地区临近秦、晋两国，受到风气熏染而使用黄金制器也十分合理"，"发生在两周之际的这种变化与北方文化的南传密切相关，这个时期正是周人与西北边疆的戎狄进行激烈交锋的时期，战争的频繁必然导致文化的碰撞和交流，两周之际中原贵族随葬黄金制器显然可以在这种背景下理解。"[71] 这种认识很有启发性，也有其道理，但目前尚很难证明。毕竟大多数金器都是本地产物，只有少数与北方地带文化有关。而且，这时期影响周文化区的"北方文化"迄今无法落实。出土金丝绕环的夏家店上层文化其实并不流行金器，大型墓葬如南山根 M101 和小黑石沟 M8501 等，也只随葬了几件金饰，数量和质量均无法与梁带村等墓所出者相比；西周晚期到春秋早期流行"狄式剑"的考古学文化现在也尚未确认其是否流行金器。

作者单位：中国国家博物馆

(1) 孙秉君、蔡庆良：《芮国金玉选粹——陕西韩城春秋宝藏》，三秦出版社，2007年。

(2) 《陕西韩城梁带村遗址 M27 发掘简报》（《考古与文物》2007年第6期，以下称"《简报》"）称梁带村 M27 出土金器 48 件。

(3) 《选粹》，第 168-171 页。

(4) 上海博物馆：《晋国奇珍——山西晋侯墓群出土文物精品》，上海人民美术出版社，2001年。图 2-1 截取自本书第 126 页图。

(5) 山西省考古研究所、曲沃县文物局：《山西曲沃羊舌晋侯墓地发掘简报》，图一四，《文物》2009年第1期。

(6) 河南省文物考古研究所、三门峡市文物工作队：《三门峡虢国墓》（第一卷），文物出版社，1999年，彩版一二：1。

(7) 《三门峡虢国墓》（第一卷），图版四三：3。

(8) 中国科学院考古研究所编著：《上村岭虢国墓地》，科学出版社，1959年，图版贰叁：9。

(9) 郭宝钧：《浚县辛村》，科学出版社，1964年，图版肆柒：2。

(10) 南阳市文物考古研究所：《河南南阳市万家园 M202 发掘简报》，《中原文物》2007年第5期，封二：3。

(11) 洛阳市文物工作队：《河南洛阳市润阳广场 C1M9950 号东周墓葬的发掘》，图版陆：3，《考古》2009年第12期。

(12) 山西省考古研究所：《上马墓地》，文物出版社，1994年，图版三一：4左一。

(13) 陕西省考古研究院等：《梁带村芮国墓地——二〇〇七年度发掘报告》，文物出版社，2010年，彩版三九：4、彩版八三：4、彩版一三七：1。

(14) 《上村岭虢国墓地》，图版伍贰：1、图版伍柒：3。

(15) 《选粹》第 172-179 页。

(16) 据《选粹》第 172 页，北赵晋侯墓地 M64 也出土了双龙纹金环饰，但资料尚未发表。

(17) 《三门峡虢国墓》（第一卷），彩版一〇：6；《上村岭虢国墓地》，图版贰叁：9。

(18) 《梁带村芮国墓地》，彩版三九：1。

(19) 《梁带村芮国墓地》，彩版一三七：3。

(20) 《河南洛阳市润阳广场 C1M9950 号东周墓葬的发掘》，图版柒：5。

(21) 图 4 采自《上村岭虢国墓地》，图版贰叁：9。

(22) 《晋国奇珍——山西晋侯墓群出土文物精品》，第 126 页图。

(23) 《三门峡虢国墓》（第一卷），图版四六：4。

(24) 《河南南阳市万家园 M202 发掘简报》，封二：6。

(25) 《梁带村芮国墓地》，彩版八三：1。

(26) 《上村岭虢国墓地》，图版伍柒：2。

(27) 《上村岭虢国墓地》，图版伍贰：4。

(28) 《上村岭虢国墓地》，第 22、23 页。图 7-1 采自该书第 23 页图一六。

(29) 《浚县辛村》，第 60 页。

(30) 《三门峡虢国墓》（第一卷），第 127 页。图 7-2 采自该报告彩版二。

(31) 参见《选粹》第 31 页图十一。

(32) 《梁带村芮国墓地》，第 16 页图一四。

(33) 《梁带村芮国墓地》，第 104、105 页间图一〇五。

(34) 北京大学考古学系、山西省考古研究所：《天马——曲村遗址北赵晋侯墓地第二次发掘》，图一八，《文物》1994年第1期。

(35) 《河南南阳市万家园 M202 发掘简报》，图二。

(36) 《梁带村芮国墓地》，第 58 页图五四。

(37) 《上马墓地》，第 177 页图一一六。

(38) 《山西曲沃羊舌晋侯墓地发掘简报》，图五。

(39) 《三门峡虢国墓》，第 27 页图一五。

(40) 《选粹》，第 192-199 页。

(41) 《选粹》，第 154-157 页。

(42) 《选粹》，第 150-151 页。

(43) 可参见黄曲：《浅论"觿"及"觿形佩"》，附表"觿及觿形佩统计表"，《考古与文物》2001 年第 2 期。

(44) 张天恩：《再论秦式短剑》，《考古》1995 年第 9 期。

(45) 《选粹》，第 164 页。

(46) 高浜秀原文发表在《东京国立博物馆纪要》第十八号（1983 年 3 月），原文未见。图 13-1 转引自《再论秦式短剑》图四：5、6。

(47) 辽宁省昭乌达盟文物工作队：《宁城县南山根的石椁墓》，图版陆：6，《考古学报》1973 年第 2 期。本文图 13-2 采自日本东京国立博物馆：《大草原の骑马民族——中国北方の青铜器》，1997 年，第 45 页图 71。张天恩先生在《再论秦式短剑》一文已指出该剑与高浜秀《オルドス青铜短剑の型式分类》图 31 剑风格相近。

(48) 日本东京国立博物馆：《大草原の骑马民族——中国北方の青铜器》，1997 年，第 65 页图 111。

(49) Emma C.Bunker. *Ancient Bronzes of the Eastern Eurasian Steppes from the Arthur M.Sackler Collections*,New York, 1997. 图 13-3 采自该书第 197 页 Fig.130.3。

(50) 《大草原の骑马民族——中国北方の青铜器》，第 48 页图 80。

(51) 山东省文物考古研究所、沂水县文物管理站：《山东沂水刘家店春秋墓发掘简报》，《文物》1984 年第 9 期。

(52) 《选粹》，第 200—201 页。

(53) 《宁城县南山根的石椁墓》，图版伍：4。

(54) 内蒙古自治区文物考古研究所、宁城县辽中京博物馆：《小黑石沟——夏家店上层文化遗址发掘报告》，科学出版社，2009 年，第 436 页。图 15-2 采自第 435 页图三四〇：10、14。

(55) 《小黑石沟》，第 319 页、第 321 页图五七：1、4。

(56) 宁城县文化馆、中国社会科学院研究生院考古系东北考古专业：《宁城县新发现的夏家店上层文化墓葬及其相关遗物的研究》，《文物资料丛刊》9，文物出版社，1985 年。

(57) 中国社会科学院考古研究所内蒙古工作队：《内蒙古敖汉旗周家地墓地发掘简报》，《考古》1984 年第 5 期。

(58) 北京市文物研究所：《军都山墓地——玉皇庙（二）》，文物出版社，2007 年，第 896 页。图 16 采自《军都山墓地——玉皇庙（四）》彩版四九：2。

(59) 宝鸡市考古工作队：《宝鸡益门村二号春秋墓发掘简报》，《文物》1993 年第 10 期。

(60) 梁带村墓地出土的晋器资料尚未发表。

(61) 《梁带村芮国墓地》，第 186 页图一八九。

(62) 周原考古队：《周原庄李西周铸铜遗址 2003 与 2004 年春季发掘报告》，《考古学报》2011 年第 2 期。兽首饰陶范的资料目前尚未发表。

(63) 陈平：《试论宝鸡益门二号短剑及有关问题》，《考古》1995 年第 4 期。

(64) 张崇宁：《山西黎城黎国墓地》，国家文物局主编《2007 中国重要考古发现》，文物出版社，2008 年。

(65) 《再论秦式短剑》。

(66) 林沄:《从张家口白庙墓地出土的尖首刀谈起》,《中国钱币论文集》第4集,中国金融出版社,2002年。

(67) 林沄:《中国长城地带游牧文化带的形成过程》,《燕京学报》新十四期,北京大学出版社,2003年。

(68) 从张家口白庙墓地出土的尖首刀谈起》。

(69) 林沄:《关于中国的对匈奴祖源的考古学研究》,《内蒙古文物考古》1993年第1、2合期。韩嘉谷:《从军都山东周墓谈山戎、胡、东胡的考古学文化归属》,《内蒙古文物考古文集》第一辑,中国大百科全书出版社,1994年。

(70) 乌恩岳斯图:《北方草原考古学文化比较研究——青铜时代至早期匈奴时代》,科学出版社,2008年,第92—93页。

(71) 张明东:《权力、性别与时代风尚:黄金制品与两周之际的社会变迁》,北京大学震旦古代文明研究中心编《古代文明研究通讯》总第四十一期,2009年6月。

新出芮国乐器及其意义

◎ 方建军

2005—2007 年发掘的陕西韩城梁带村芮国墓地，近来已有 M19、M27 和 M26 三座大墓的简报发表[1]。其中 M27 出土乐器多件，计有编钟 8 件、钟钩 7 件、编磬 10 件、钲 1 件、镎于 1 件、建鼓 1 件、小鼓 1 件，简报备有青铜乐器的彩照、墨拓和线图，可供参看。这座芮国大墓未遭盗掘，出土遗物殊为丰富，乐器组合十分完整，堪称音乐考古的重大发现。

2007 年岁末，承陕西省考古研究院发掘领队孙秉君先生盛情，我有机会赴该院及泾渭基地，对 M27 芮墓所出乐器进行考察和测音。这里就出土乐器及其意义谈一些初步看法，希望引起学者的深入研究。

一

M27 是芮国墓地中唯一有南北两个墓道的"中"字形大墓，其余大墓都是带一个墓道的"甲"字形墓，可见

图 1 M27 出土编钟

M27 的墓葬等级和规格在该墓地中是最高的。M27 随葬青铜礼器为七鼎六簋，所出铜簋铭文："内（芮）公作为旅簋。"由此可知，墓的主人应为一代国君，即芮公。M19 和 M26 两座大墓随葬铜器也有"内（芮）公"、"内（芮）太子"铭文。从此而看，梁带村墓地的国别当属芮国无疑，而出土乐器自然归芮国所有。

载籍所见有关芮国的史迹甚少，仅《左传》《史记》等有一些零星记载。芮国与梁国邻接，据《史记·秦本纪》所说，秦穆公二十年（前 640 年），梁、芮均为秦国所灭。上海博物馆藏芮公鬲铭文："内（芮）公作铸京氏妇叔姬朕（媵）鬲，其子子孙孙永宝用享。"可知芮公嫁女于京氏，芮国与周同为姬姓。

据发掘者研究，M27 随葬器物的时代有早有晚，时间跨越商末至春秋早期。关于出土乐器的时代，也需要作出具体的分析。

本墓出土的 8 件编钟（图 1），都是侈铣、凹口的合瓦形钟体，甬中空与体相通，二叠圆台枚，钲篆四边以粗阳线为界，内壁相应于两铣和四侧鼓处，多有因调音而形成的长"隧"若干条。头两件钟的正鼓部饰顾夔纹，篆间饰重环纹[2]，舞饰四组 S 形双龙首窃曲纹，这些形制和纹饰，都为西周晚期编钟所常见。不过，从第 3 件起，钟的鼓部及篆间均素面无饰，仅舞部饰有窃曲纹。这种简约的纹饰手法，与西周晚期编钟有所不同。目前发现的西周晚期 8 件组合的编钟，正鼓部都有纹饰，从第 3 件起，在右侧鼓还增饰一个小鸟纹或其他纹样，以作为第二基音的标志。但芮国编钟则不然，从第 3 件起，鼓高变低，鼓部面积明显变得狭窄，难以容下那么大的顾夔纹，而右侧鼓小鸟纹之类的第二基音标志，也就连同正鼓纹饰一起省略了。虽

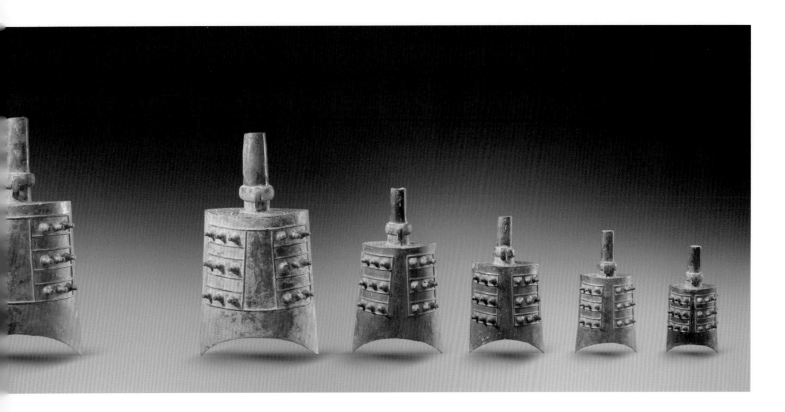

然如此，编钟的形制和纹饰总体上仍然是西周晚期风格，但其鼓部纹饰的省略做法，则显示编钟的年代要稍晚一些，以定在西周末年似较合适。

容庚先生《商周彝器通考》图九五二著录一件芮公钟[3]，出土时间和地点不详，现藏台北故宫博物院。这件传世的芮公钟，鼓饰顾夔纹，篆间饰窃曲纹，钲间有铭文"内（芮）公作从钟，子子孙孙永宝用。"其形制与M27芮墓所出头两件编钟大体相同，只是传世芮公钟篆间纹饰与M27编钟不同，鼓部夔纹的首尾也与M27编钟略有差异。容庚先生将其定为西周晚期器，是比较合适的。

M27与编钟同出有钟钩7件（图2），按编钟8件组合尚缺1件。钟钩上为圆环，下为龙形，龙首与环相接，龙尾卷屈而成钩状。经悬挂试验，7件钟钩按形制大小，均可套入相应的编钟干部。编钟与钟钩应属配套使用，没有问题。

容庚先生《商周彝器通考》图九七六著录芮公钟钩一件，形制与M27所出相同，其上正背两面铭文为"内（芮）公作铸从钟之句（钩）。"同铭钟钩共有2件。彭裕商先生指出，芮公钟钩与上举芮公钟同属一人所作[4]，其说甚是。这种形制的钟钩，目前仅见于芮公编钟，由此益证M27编钟确为芮国制品，传世芮公钟与M27编钟应为不同的芮公所有。据刘雨先生《乾隆四鉴综理表》，传世芮公钟还有两件[5]，

但下落不明。结合梁带村的新发现，估计芮国编钟实际应不止目前所知这些，希望今后能有更多的发现。

M27出土的10件编磬（图3），器形厚大，形制为凸五边形，底边较为平直，仅个别磬的底边中部微有拱弧。这种形制特点，为西周编磬所常见，如陕西周原召陈乙区遗址[6]、长安张家坡井叔家族墓[7]、河南三门峡虢国墓[8]和山西天马—曲村晋侯墓[9]所出西周中、晚期编磬的形制，均与M27芮国编磬相同。春秋时期，编磬的底边内凹，形成弧度，这是与西周编磬的显著区别。

比较来看，M27编磬的形制，与三门峡M2011虢太子墓所出最为接近，二者都是股部较为短阔，磬体宽大而不如其他编磬狭长。M2011的时代断为西周宣王和幽王时期，M27芮墓编磬的时代也应与此相当。由此看来，M27编磬和编钟的年代应是大体相同的。

以往陕西地区发现有大量西周窖藏编钟，但墓葬出土的编钟甚少。个别周墓，如井叔家族墓，由于严重被盗，所出编钟也寥寥无几。编磬在陕西地区虽有少量发现，但多残碎断裂，组合也残缺不全。三门峡虢墓和山西晋侯墓曾有编钟、编磬共出一墓的情况，但遗憾的是编磬多残损较重，不能完整准确地测知其音响性能。梁带村M27是目前唯一发现的编钟、编磬组合齐全的墓葬，且编磬保存较

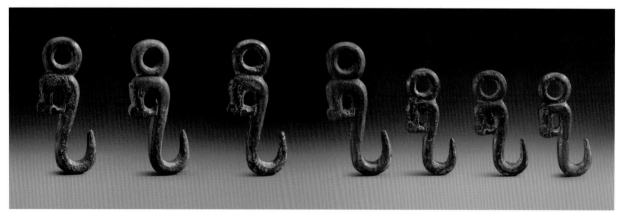

图2　M27出土钟钩

为完好，对于了解西周晚期至两周之际的礼乐器组合，以及钟磬之间的音乐关系等，均洵极珍贵。

M27 出土的鼓和钲也很重要。本墓所出鼓有漆木建鼓（图4）和小鼓两种，但均已腐朽，仅存残迹。小鼓形制不明，建鼓尚存外形轮廓。与建鼓同出有 1 件青铜柱管，管内尚有存木，疑其为建鼓的青铜柱管配件。东周时期的建鼓或鼓座，以往曾有发现，如安徽舒城九里墩[10]和山西太原金胜村 674 号墓[11]各出土 1 件青铜建鼓座，时代约属春秋晚期；战国前期的曾侯乙墓，出土有 1 件建鼓（含青铜鼓座）[12]；湖北随州擂鼓墩二号墓则出有 1 件战国中期的青铜建鼓座[13]。M27 所出建鼓，时代应不晚于墓葬的下限，即春秋早期。因此，它应是目前考古发现最早的建鼓，为建鼓最初产生于周音乐文化提供了实证材料。

M27 的钲（图5），与建鼓同出于椁室东北部，通高 39 厘米，体呈合瓦形，上饰兽面纹，柄细长，中空与体相通。柄已断为两截，断面呈八棱形，柄根有四个对称的长方形穿孔。三门峡虢季墓（M2001）和两座虢太子墓（M2011、M1052）也出有钲，体饰兽面纹或云纹，柄上均有对穿，与 M27 钲的柄制略有差异。山西晋侯邦父墓钲体饰兽面纹，舞饰云纹，但柄较短，且有四个扉棱，实则为镯，这是它的独特之处。从钲的柄制观察，它们当然可以手持击奏。

不过，从其柄中空及有对穿看，也可悬挂或插置击奏；而像晋侯邦父墓所出有镯的钲，最适宜的演奏方式，恐怕应是执奏或续入木柄以执奏。

根据 M27 钲与建鼓的出土位置，二器似应配合使用。由于建鼓已朽，故其具体安置和演奏方式难以确知。不过，从现存一些战国时期的音乐图像资料，或可推知其仿佛。如四川成都百花潭中学十号墓出土的战国嵌错纹铜壶，上有演奏编钟、编磬的画面。在钟磬旁边，有一位乐工双手持槌，一手击建鼓，另一手击建鼓座上的一个小件乐器[14]；另如河南淇县山彪镇墓葬出土的战国刻纹铜鉴（M1:56），上绘所谓的"水陆攻战"图像，其中建鼓座上也有一件小型乐器[15]。这种小型的乐器，图像仅为轮廓，看不清其具体形制。今有 M27 钲与建鼓共出的例子，可以推知建鼓座上的乐器应是钲，其安置方式似为插于鼓座之上。据《左传》宣公四年记载："伯棼射王，汰輈，及鼓跗，著于丁宁。"杜注云："丁宁，钲也。"看来钲就是插置于鼓座（鼓跗）之上。山西潞河战国墓铜匜（M7:156）的攻战图中，建鼓立柱之上斜插一钲，器形比较清晰。李纯一先生正确指出，"建鼓立柱不适于植钲，应该是植于鼓跗之上。……可知此图所刻是一种省略做法。"[16]

从上可见，建鼓和钲当是周音乐文化的产物，它们的

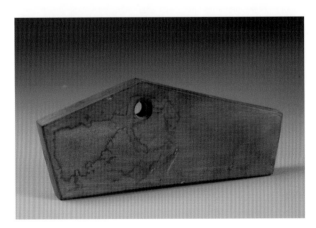

图3 M27 出土编磬

图4 M27 出土漆木建鼓与小鼓

早期功能当如编钟、编磬那样，主要应用于礼乐演奏；后来，建鼓和钲的功能才发生变化，除继续应用于奏乐之外，还用于军事行动中的发号施令。

M27还出土一件錞于（图6），通高38.9厘米，半环形素纽，通体光素，穹顶、宽肩、束腰、平口，底视口部呈椭方形。这件錞于的形制，与山东沂水刘家店子莒墓出土的錞于比较接近[17]，属于李纯一先生划分的I1a式[18]。刘家店子錞于的时代属春秋中期，梁带村芮墓錞于的时代应不晚于春秋早期，约属西周末年的作品，是目前所知最早的錞于标本。关于錞于的起源，目前有山东半岛东夷族创制说[19]和长江下游古越族发明说[20]。M27芮墓錞于的出土，表明它与建鼓、钲等一样，都是周音乐文化的创造。

《周礼·地官·鼓人》：“以金錞和鼓。”郑玄《注》：“錞，錞于也，圜如碓头，大上小下，乐作鸣之，与鼓相和。”《说文解字》：“錞，大钟錞于之属，所以应钟磬也。”可知錞于如同大型的鎛那样，可以作为低音节奏性乐器，以与鼓、钟、磬等合奏，这与本墓錞于与其他乐器共出正相符合。錞于的初期功用，也当用于礼乐演奏。至于《国语·晋语五》和《国语·吴语》所说，将钟、鼓、錞于、钲等用于战事之中，应是这些乐器稍后才具有的功能。

二

2007年12月3至4日，在孙秉君等先生的协助下，我对M27芮墓出土的乐器进行了测音，以“通用音乐分析系统”（GMAS 2.0）计算机软件测得具体音高数据，并多次试奏，进行现场音响听辨，以耳测印象与机测数据加以比较和互校。下面拟对这些乐器的音响性能试加分析。

芮墓编钟音质很好，测音结果如表一所列（表一）。

图5　M27出土钲

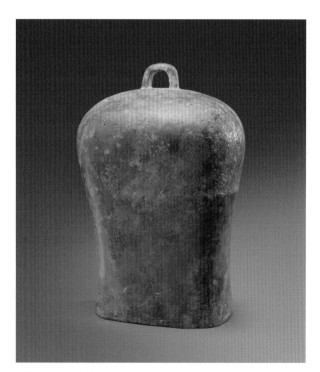

图6　M27出土錞于

序号	标本号	正鼓音		侧鼓音		备注
		音分 (cent)	频率 (Hz)	音分 (cent)	频率 (Hz)	
1	M27:1025	B_3+48	253.79	$\#D_4-22$	307.24	侧鼓音不清晰
2	M27:1027	$\#D_4-45$	303.18	$\#F_4-45$	360.68	
3	M27:950 $\#F_4+33$	377.22	$\#A_4-36$	456.57		
4	M27:949 B_4+2	494.50	D_5+47	603.76		
5	M27:1030	$\#F_5+21$	749.05	A_5+45	903.20	
6	M27:1026	B_5+24	1001.79	$\#D_6-22$	1229.36	
7	M27:1029	G_6+2	1570.44	$\#A_6+27$	1894.93	
8	M27:1028	C_7-21	2068.76	$\#D_7-13$	2470.97	

表一 M27 芮墓编钟测音结果

（测音时间：2007 年 12 月 3 日晚；测音地点：陕西省考古研究院库房；音叉发音：A4+10/442.78Hz）

序号	标本号	音高		备注
		音分 (cent)	频率 (Hz)	
1	2005HLM27:1047	#D4+39	318.22	残断粘合
2	2005HLM27:1046	G4+45	402.53	
3	2005HLM27:1049	A4+32	448.29	鼓/股各裂两块，粘合
4	2005HLM27:1042	#C5-48	539.49	股下角略残
5	2005HLM27:1048	#D5+19	629.26	鼓/股各裂两块，粘合
6	2005HLM27:1043	#F5-24	730.21	
7	2005HLM27:1044	G5+24	795.20	断为两块，粘合
8	2005HLM27:1045	B5-31	970.55	表面略有风化
9	2005HLM27:1041	C6+48	1076.14	
10	2005HLM27:1050	E6-48	1282.59	鼓部断，粘合

表二 M27 芮墓编磬测音结果

（测音时间：2007 年 12 月 4 日上午；测音地点：陕西省考古研究院泾渭基地；音叉发音：A4+10/442.63Hz）

錞于音高		铜钲音高			
		正鼓音		侧鼓音	
音分 (cent)	频率 (Hz)	音分 (cent)	频率 (Hz)	音分 (cent)	频率 (Hz)
#F3+49	190.21Hz	#A5-12	926.32Hz	D6-7	1169.99

表三 M27 芮墓錞于、铜钲测音结果

（测音时间：2007 年 12 月 3 日晚；测音地点：陕西省考古研究院地下库房；音叉发音：A4+9/442.41Hz）

编钟正鼓音的音阶结构是三声羽调模式，即：

羽－宫－角－羽－角－羽－角－羽

如果正、侧鼓音连奏，其音阶结构是四声羽调模式，即：

羽－宫－角－徵－羽－宫－角－徵－羽－宫－角－徵－羽－宫

十分明显，这套 8 件组合的编钟，音阶结构与西周中晚期 8 件组合的编钟一模一样，如中义编钟和柞编钟便为其例[21]，只是绝对音高即宫音高度各不相同。这种情况也见于虢、晋等诸侯国编钟[22]。周音乐文化系统编钟音阶结构的一致性，不仅表明当时礼乐制度的规范，而且还显示出乐器制作的标准。

仅从外观形制和纹饰看，芮国编钟只有头两件的鼓部有纹饰，其余各钟鼓部素面，似乎不属一套。但音响实测表明，这是一套完整无缺且音质极佳的实用乐器。虽然这套编钟的右侧鼓均无第二基音标志，但其侧鼓音毫无疑问是合用的。

芮墓编磬有 5 件保存较为完整，其余均有不同程度的残断。在测音之前，我向孙秉君先生建议，请技术人员将残断的编磬予以粘合。可喜的是，经过粘合的编磬居然绝大多数可以发出质地很好的声音，只有第 3 件磬的音质和音准欠佳。这里先将编磬的测音结果列为表二（表二）。

从测音结果容易看出，编磬的音阶可以构成五声宫调模式，即（↓表示音高偏低）：

宫－角－↓徵－羽－宫－商－角－徵－羽－宫

编磬的音阶构成，透露出非同寻常的信息，具有十分重要的意义，初步考虑有以下几点：

第一，三门峡虢墓和晋侯墓虽然也出土有西周晚期至春秋初年的编磬，组合同样是 10 件，且与编钟共出，但都因残甚或测音结果不理想，而不能获知编磬的音阶结构。M27 芮墓编磬的测音结果，终于将这一时期 10 件组合编磬的音阶结构昭示今人。

第二，芮墓编磬的五声音阶，与共出编钟四声音阶的宫音高度相同，即编钟、编磬均以 #D 为宫，两种乐器的调高是一致的。换言之，这两种乐器是可以合奏的。长期以来，西周编钟和编磬之间的音乐关系，一直是一个待解之谜，现在已经有了确实的答案。

第三，以往由于资料不足，人们误以为西周礼乐不用商声，芮墓编磬的测音结果，足证西周礼乐商声的存在。同时表明，编钟、编磬具有不同的音阶和调式组合，这两种乐器当然可以演奏不同调式的乐曲，至少演奏宫、羽两种调式的乐曲是不成问题的。

第四，芮墓编磬的五声宫调音阶结构，为中原地区东周时期的编磬所沿用，如河南洛阳中州大渠墓葬出土编磬[23]、河南陕县后川 2040 号墓出土编磬[24]、山西万荣庙前 M1 出土编磬[25]、山西闻喜丘家庄墓葬出土编磬[26]，组合都是 10 件，音阶结构与 M27 芮国编磬完全相同，即其实例。

为了全面考察 M27 芮墓乐器的音响性能，我们还对錞于和钲进行了测音，结果如表三所列（表三）。

从测音情况看，錞于的音区在小字组，属于低音乐器。錞于和钲的音高，可以纳入到钟磬音列当中。具体来说，錞于的发音在钟磬音列中为角音，钲的发音则为徵音，这恐怕很难说是一种偶然的巧合。前面已经谈到，錞于、钲和建鼓，其早期功能当是用作礼乐演奏，这种情况已为测音结果所证实。

论述及此，我们已经获知，芮国国君一级所享用的乐器，是由编钟、编磬、錞于、小鼓、建鼓和钲所构成的击奏乐器组合，这便是当时诸侯国礼乐演奏曾经存在的乐队编制之一。不难想见，这样的乐队应该可以营造出钟鼓齐鸣、金声玉振的音响效果。

芮国乐器的发现，为我们了解西周晚期至两周之际礼乐器的组合、音响、功用以及各种乐器之间的相互关系等，都提供了极为难得的实物资料，其重要意义和价值，随着芮国墓地考古资料的全面公布和深入研究，必将会愈加显现。

（原载《音乐研究》2008 年第 4 期）

作者单位：天津音乐学院

(1) 陕西省考古研究所等：《陕西韩城梁带村遗址 M19 发掘简报》，《考古与文物》2007 年第 2 期；陕西省考古研究院等：《陕西韩城梁带村遗址 M27 发掘简报》，《考古与文物》2007 年第 6 期；陕西省考古研究所等：《陕西韩城梁带村遗址 M26 发掘简报》，《文物》2008 年第 1 期。

(2) 这种纹饰的叫法颇不一致，或称之为回纹、环带纹、鳞纹等。

(3) 容庚：《商周彝器通考》，哈佛燕京学社，1941 年。

(4) 彭裕商：《西周青铜器年代综合研究》，巴蜀书社，2003 年，第 511 页。

(5) 刘雨：《乾隆四鉴综理表》，中华书局，1989 年，第 1 页。

(6) 罗西章：《周原出土的西周石磬》，《考古与文物》1987 年第 6 期。

(7) 中国社会科学院考古研究所等：《张家坡西周墓地》，中国大百科全书出版社，1999 年。

(8) 河南省文物考古研究所等：《三门峡虢国墓》，文物出版社，1999 年。

(9) 北京大学考古学系等：《天马—曲村遗址北赵晋侯墓地第二次发掘》，《文物》1994 年第 1 期；北京大学考古学系等：《天马—曲村遗址北赵晋侯墓地第五次发掘》，《文物》1995 年第 7 期；山西省考古研究所等：《天马—曲村遗址北赵晋侯墓地第四次发掘》，《文物》1994 年第 8 期。

(10) 安徽省文物工作队：《安徽舒城九里墩春秋墓》，《考古学报》1982 年第 2 期。

(11) 侯毅：《鼓座、建鼓与战鼓》，《中原文物》2006 年第 4 期。

(12) 湖北省博物馆：《曾侯乙墓》，文物出版社，1989 年。

(13) 擂鼓墩二号墓清理发掘组：《随州市擂鼓墩二号墓出土一批重要文物》，《江汉考古》1981 年第 1 期；湖北省博物馆等：《湖北随州擂鼓墩二号墓发掘简报》，《文物》1985 年第 1 期。

(14) 四川省博物馆：《成都百花潭中学十号墓发掘记》，《文物》1976 年第 3 期。

(15) 郭宝钧：《山彪镇与琉璃阁》，科学出版社，1959 年。

(16) 李纯一：《中国上古出土乐器综论》，文物出版社，1996 年，第 320 页。

(17) 山东省文物考古研究所等：《山东沂水刘家店子春秋墓发掘简报》，《文物》1984 年第 9 期。

(18) 同 16，第 338 页。

(19) 徐中舒、唐嘉弘：《錞于与铜鼓》，《社会科学研究》1980 年第 5 期。

(20) 熊传薪：《我国古代錞于概论》，《中国考古学会第二次年会论文集》，文物出版社，1982 年。

(21) 方建军：《中国古代乐器概论（远古—汉代）》，陕西人民出版社，1996 年，第 95 页。

(22) 方建军：《商周乐器文化结构与社会功能研究》，上海音乐学院出版社，2006 年，第 116-117 页。

(23) 方建军：《洛阳中州大渠出土编磬试探》，《考古》1989 年第 9 期；《中国音乐考古学的学科定位与研究方法》，载曹本冶主编《中国音乐研究在新世纪的定位国际学术研讨会论文集》上册，人民音乐出版社，2002 年。

(24) 袁荃猷主编：《中国音乐文物大系·北京卷》，大象出版社，1996 年，第 21、278 页。

(25) 项阳、陶正刚主编：《中国音乐文物大系·山西卷》，大象出版社，2000 年，第 32 页。

(26) 同 25，第 40 页。

博物馆里的"梁带村"

——一个展览的研究

◎ 陈曾路

梁带村建于明代，与2500年前的墓葬并无关联。但这个黄河边的村庄的命运无疑会因为它们而改变。若干年之后，这里会成为巨大的遗址博物馆的核心区域，保护、开发、利用以及必须的展示教育的功能一个都不会少，交织的利益线脉在这片看似沉寂的土地上酝酿发酵，各自积蓄力量，结果如何难以预料，一如这个国家和时代的波澜壮阔和惊心动魄。

风吹过的时候，我泪流满面，只能用举相机来掩饰。他们说这算是好的，等真的大起来，人都不好站。黄河边

上没有岸，削峭的土壁直直地横亘在眼前，前面是与天连在一起的河床和略显乏力的河水，很宽很苍茫，土黄色吞噬一切。我刹那间明白黄色的含义，与修饰得很精致的长江比较，粗糙原来也能成为一种美德。半个梁带村已然成为了黄河的一部分，新建的村子同样过分沉寂。比之经济发达地区农村那些风格怪异的"新农村"建筑，这里还保持着过往的印痕和记忆。老村甚至有高高的城墙和垛口，让人相信这里传说中的彪悍民风。村子的中心是寂寂的"捞池"，受围困的时候这里是几百号人的生命源，不到两

图1 黄河

图2 梁带村里

三百米就是黄河，黄河只是屏障，不是保障。（图1-图4）

只是，在博物馆，你未必能感受到这些。

原因很多，关键在阐释。

一、阐释文物的过程

"阐释"是一种诱惑，因为"阐释对象"的"意义"并非天然自明，赋予任何卑微的"物"以意义便如同神赐予人生命一般。这样的"赋予"或许超越了人的能力，但大家乐此不疲。

从感观谈起。

不仅仅是视觉，是听、触、嗅和味的共同作用。考古学家在视觉之外还很关注触觉，这是考古的高妙处。"视觉"或许是我们获取信息最有效的途径，一旦过分倚重，副作用则是五感中其他几感的退化。"触摸"的意义在于直面设计的初衷，这亦是任何器物被使用的前提。所以，不用奇怪考古学家对于田野工作的执着，田野的秘密在于"触摸"，也只有在田野才存在真正意义上的"触摸"。任何造型、线条和纹饰并非仅是为视觉而存在的，质感决定了使用者的体验，如果想要了解这些器物曾经的使用者，最好先了

解他们对这个世界的感触。其他的，风还是那样的凌厉，土地还是那样的味道，三千年真的就是沧海一粟。至于将来，不容乐观，发展会带来很多东西，也会带走许多。

感观其实是很客观的经验，虽然亦会引起主观的情绪和联想。阐释的第一步即对感观的收集和整理。原则是：

第一，尽量保存足够多的信息。其实这里面我们吃的亏最多。往往留下了那些"重要的"，无视甚至"抛弃""不重要"的，罪过，不展开了。大而言之，视觉之外的"听、触、嗅、味"一向比较缺乏，从一开始的考古发掘到最后的展览都像默片，可惜。微观里讲，即便"视"也未必充分。西周墓葬出土的陶器上往往带有织物的痕迹，因为难于取样，故而在考古报告中基本都不会被提及。陶器上的信息提示我们：他们当时是有包装的。至于包装上是否又有纹样呢？我们不知道，不应该不知道。现在考古留下的信息越来越多，多到外人看来繁冗，殊不知没有这些繁冗的程序怎么能搞得清三千年前那些仪式的顺序和过程，这些"顺序"和"过程"对考古学家而言是如此重要，比单纯的器物还可贵。比如，两周墓葬是有色彩概念的，但考古发掘的现场是经历了三千年埋藏的世界，尤其需要敏感。至于"棺罩、荒帷"之类的软装，比棺、椁更值得注意，是两周墓葬新特征，以前也常被忽略，这几年来不断被发现，其实也说明了考

图3　梁带村留下了太多历史的记忆

图4　位于老村中心的"捞池"

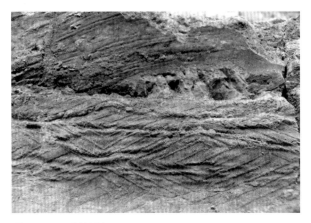

图5　M502 荒帷图案

图6　M19 内棺网状绳索痕迹，这些都是很重要的信息

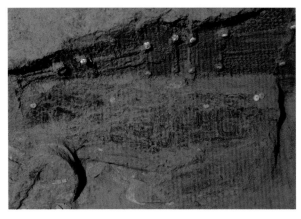

图7　M19 漆器

古水平的提高。（图5-图7）

　　第二，尽量缀合感观信息的碎片。这个其实是对感观信息的整理，要求高点，但基本决定了将来阐释的质量。以梁带村而言，能让考古学家兴奋的"敏感点"绝对不少。M26、M27、M 19 等几座大墓中出土的玉器从红山文化的"玉猪龙"到春秋时期的"玉组佩"，跨度之大让人咋舌，算上墓葬中所出土的分属于西周各个时期的青铜器，很显然梁带村墓葬的主人对于"集古"有着强烈的偏好。出土随葬品的"大时代跨度"和精美程度同样让人叹为观止。当时人对于随葬品之选择极为在意，慎之又慎，一般以丧礼时所用和死者身前所用之物为多。两周墓葬如梁带村这样 "博物馆般的"随葬品并不多见。但千万不能就此认为这芮国的墓葬就不合规矩，恰恰相反，"士丧礼"、"既夕礼"、"士虞礼"等几篇文献简直可以拿来作梁带村墓葬的注解。"棺罩"、"荒帷"有怎样的功用，"车马"又是干啥的，乃至棺椁下的绳束如何使用，一概都可以找到答案。（图8-图10）

　　"士丧礼"、"既夕礼"、"士虞礼"等固然成篇较晚，但不妨碍其参考价值。"落葬"的棺椁只是整个"丧礼"中的实物化的一部分，更重要的其实是整个仪式的过程。这些东西在几十个世纪之后其实还影响我们当下的生活，不仅仅是那些沿用至今的名词，比如"大殓"、"小殓"、"落葬"等，更重要的是文化的记忆和认同，礼仪和祭祀只是手段，目的是"慎终追远"。故而中国人的丧礼并非仅仅是悲伤，其实更多的是敬畏，对祖先的敬畏和对"未知"的敬畏。这种人生的哲学在梁带村以及千千万万个相似的村庄中以最为朴素的方式传承着，这才是"中国"。

　　还有更让人兴奋的"敏感点"，西周晚期到春秋时期，在河南三门峡虢国墓地和山西曲沃的晋国墓地等虽不乏出土金器的先例，但如梁带村这般的数量和种类实在也很罕见，尤其 M27 的肩饰和剑鞘等，应属首见。最让人印象深

刻的是金器上纹饰明显带有草原文化特征，而 M26 还出土簋形青铜器，结合"仲姜"的铭文，昭显姬周和姜戎文化相交织的文化面貌。文物、文献、纹饰、环境、过程、文化面貌，这些只是碎片，仅仅揭示各自的问题，连缀起来才会发生"化学变化"。

因为带铭文的青铜器的存在自然会推及芮国的地望问题（图 11），脚下所踩之地是否就是这个在文献中偶有提及的国家，即便只是兴奋，也必然的会拼命多感受下这个黄河边的村庄，这个甚至超越"五感"，带上许多感情和想象色彩。一般而言，好的阐释的过程就是将这些碎片化的"敏感点"变成传达对象的"兴奋点"。连缀和整合碎片既应该是感性的也应该有理性的，与理性的相比，感性的部分其实更重要，决定阐释的基本格局。是从出土文物的视觉冲击出发谈问题还是从一个春秋时期的小国的命运来展开，或者是以生民之不息来说故事，一念之间而已。现场感观的缀合有效也最强烈，到了更为理性的阶段以后，必然就追求面面俱到和多多益善，最后往往"自缚手脚"而害义。

下面重点说说理性的认知，我们常说的研究其实也属于理性认知的一部分。

客观只是特殊状态下的主观，研究也只能是一种很主观的"游戏"，不必太在意。我们现在太追求科学了，而所谓科学，定义大概就是"能被证伪，即为科学"。考古学一直也很想将自己纳入"科学"的范畴，但"科学"并不等于"真"。至于"求真"是哲学层面的诉求，不讨论也罢。

先在顶层设计上把考古学的"求真"梦想打破才有阐释的意义可言。

仅以现有证据而言，梁带村是否西周和春秋时芮国的所在地几乎无解。汉代以来文献中所举的几个芮国所在地与现下的梁带村组成了一个罗生门式的选择。但我们应当意识到，当下"国"的概念显然误导了我们对于两周的"国"

图 8　M26 青铜器出土情形

图 9　M26 铜器出土实景

图 10　M26 玉器出土情形

图 11 M19 铜鬲及铭文

二、展览阐释的手段

阐释的问题其实也是"传达"的问题，离不开"阐释者"和阐释的"接受者"之间的互动。是执着于微观层面的器物和考古，还是追求宏观层面"记忆和情感"的演绎，目标大不一样。他们是皮和毛的关系，皮之不存，毛将焉附。当然空泛的谈情感和记忆是不可能有感染的，感染是很具体的细节的汇总。

这里要用到前面感观和理性认知的成果。首先是"还原"，五感的冲击要尽量还原，不是简单的复原场景，也不仅仅是提炼和抽象的元素的组合，是有明确目标的传达和升华。这里有很多技术性的元素，比如灯光、环境、各种展示细节。文物作为这场展览的主角，怎样凸显其特质是对阐释者的最大考验。我们在许多展览中都会看到大幅放大的局部纹饰和图案，或者平板电脑上的视频演示，实际上是阐释者对博物馆参观者的一种暗示："这些细节很重要，你必须注意了"。另外也需要明白，这样的"放大"和"技术手段"若成为每个展柜的标准配置，效果必然打折扣，取舍很重要，不能患得患失。"还原"并不仅仅是"再现"，"再现"只是最直接也是最保险的"还原"，但未必就是最佳选择，缺失了阐释者的解读和加工的"再现"往往容易误导参观者。好的还原用最聪明的方式最大化预期感官效果，比如大都会博物馆的 McQueen 的展览，服装只是物，需要还原的并非物，而是服装设计师的设计精神和理念，用"物来感染人"才是博物馆的核心工作。

"还原"的关键和重点是利用"时间"和"空间"。是斯坦尼斯拉夫斯基式地"进入"还是布莱希特式地"出来"，是要"代入"还是"间离"？艺术类博物馆常以"间离"为基本手段，语言意义上的"美得不可接近"变成了真实的"难以接近"，进而以"难以接近"来呼应和烘托"美"，灯光、环境、展柜，成为一套组合拳。从"博物

的理解，此"国"真的非彼"国"。进而引出对两周"封国制度"的再认识，再往大里去，两周的政治制度或许都需要有新的理解。虢、芮乃至秦这样的封国很重要，对周王室很重要，果然起到了"藩屏"的作用，他们的位置处于周戎交割之地，都邑迁徙和疆域变化恐怕也是常态。西周史的研究是十分重要的任务，中国的政治史几乎就是对西周的阐释和再现，百年前才有了真正意义上的新内容，不过表面上翻天覆地，实际是新瓶旧酒。明白西周才会真正明白当下，这些恐怕是真正值得思考的地方，要理性推演的。

还想说说"误导"和"过度"阐释，这个是大问题。总之，文物没生命，无法开口说话，更需要策展人的慎重。"过度"和"误导"多源于阐释者个人的情绪和学识，也和其所处的立场和社会的背景有关。"意识形态"是客观存在，不必讳言，但不能脱离事实甚至悖离事实。这方面我们的教训也很多，这里不多展开。以科学研究为基础，要理性、客观，少一些牵强附会。

馆史"的角度看，早期的博物馆空间是对神庙和殿堂的复制，目标要让普通人"敬畏"，进而引发参观者的崇拜和认同。随着社会进步和知识获取途径的扩展，民众对博物馆这样的公共空间不可能再有任何敬畏之心，也不应再有敬畏之心（民主的必然结果）。除了几个宫廷或用古建筑改造而来的博物馆，"简单而不可触及的""间离"越来越不被提倡。与"空间"并列的还有"时间"，"时间"有线性和非线性之分，考虑到"博物馆利用者"认知水平的提升和信息接受习惯的改变（主要来自于电影、电视的视觉经验，比如"蒙太奇"和"闪回"等），单纯的"线性叙述方式"已经很难让当代的"博物馆的利用者"满足。尤其需要强调的是，"空间"和"时间"意义上的"代入"和"间离"只是手段而已，并无高下之分，"形式"最终还是要为"故事线"（即内容）服务的，要合理用好各种手段。形式的"一致"很重要，这是一种美德，譬如希腊的"三一律"，有"一致"才会有进发，"血脉贲张"的效果一定离不开"波莱罗式"的铺陈。当然，"形式"一定是先于"内容"而为人感知的。形式很重要，决定了"博物馆利用者"的第一印象。对普通的"博物馆利用者"而言，一个展览的有效参观时间一般不超过一小时，长了便"博物馆疲劳"，学习或者审美的边际效益急剧下降，一个小时中所形成的印象决定最终的效果。

然后才是组织"故事线"的问题。这是大工程，一般的做法是从对"博物馆利用者"的研究开始的，博物馆称其为观众调查。我们的观众调查水平还不高，有的时候看着调查问卷都知道调查的结果。好的调查会"声东击西"，是迂回的"游击战"，像手术，上了麻药，内脏拿出来又放回去了，既能彻底地治疗，也不让人遭受大痛苦。观众调查的结果决定了"展览故事线"的组织。比如梁带村，恐怕百分之九十九的博物馆参观者不熟悉，大家都是白纸。白纸好，也不好。白纸意味兴奋点的缺失，"博物馆利用者"

没期待，积极的方面是组织"故事线"的空间反而大了，换成"辛亥革命展"，如果里面缺了孙中山、袁世凯，那还了得。只摆文物，绝弃"故事"的情况也是有的，这也未必是最差的选择，因为这种"无为"反过来又将阐释的最终决定权交还给"博物馆的利用者"，各自发挥，八仙过海各显神通，最差不过是阐释缺失，但毕竟还不至于误导。

如果看展览的观者有期待，那么这应该是阐释者最关注的东西，不应该过分执着于阐释者自己的兴奋点和立场。阐释的重点和参观者的兴奋点要尽量统一，这也可以依靠观众调查来达成，比如"关键词调查"。如果调查中大家提及最多的关键词恰好是研究者的重心，必然是要大做文章的点，一个展览里有五、六个这样的关键点足以。

组织"故事线"意味着将这些关键连缀起来。展览要有"主导动机"，可以是形式上的也可以是内容上的，这会决定展览的最终色调。要努力保持展览中各种"情感渗透"和"叙事语汇"和展览"主导动机"的色调一致，否则奢谈最终对参观者的感染。记得要有"起伏"和"高潮"，一般至少两个"小高潮"一个"大高潮"，这个和"参观体验"直接相关，每个高潮岔开 10 至 15 分钟，这个类同于好莱坞电影。

尤其需要强调的是，要有专门的团队操心展览的"故事线"，组织展览"故事线"和文物研究、挑选文物、形式设计紧密相连，它是一个好展览的核心要素，相当于电影的导演，对一个展览而言，对文物的研究只是小说（离剧本尚有距离），形式设计是"服、化、道"。是的，导演的工作要从机制上得到保障，他的活是很专门的工作，不能让编剧代劳，更不能让小说家当导演。

关于展品说明，艺术类博物馆常常采取极简的方式，极简到仅剩名称、出土地、时代等基本信息而已。当然是准确了，但对观众而言是灾难。理想的方式是研究人员在百字内说清楚文物的看点何在（多过于此其实不会再有意义，这个有过相关研究），不必面面俱到，但须"一超直入"，引导观者体会文物最精彩的部分，并且能明白阐释者在设定的故事线中选用这件文物的用意。

最后说说知识点的问题。知识点包括两种，第一种是前提性的，不掌握没法看下去、听下去，比如"出土文物的名称、用途"（尤其在墓葬和葬礼中的用途），"两周的历史地理大背景"，"芮国"和"梁带村"等。第二种是阐释者和阐释对象不统一的那些兴奋点，比如"丧葬仪式"、"芮国地望"等。对于第一种知识点要尽量突出，越突出越好，傻不丢人，丢人的是装聪明。对于第二种要嵌入，要可选择，不要强迫，强迫会害人，大家不舒服，譬如《你别无选择》最后的那种和弦训练。

三、博物馆里

三个月后，我仍会想到在梁带村里遇到的一个个人，一张张脸，考古学家，怀揣憧憬和梦想的村民，操练的武警，空寂的天空和欹欹的风。

"博物馆"这个东瀛来的译名给了我们太多的误导，重要的不是物，有智慧才是最紧要的，仅仅为保存而做的保存毫无意义。博物馆的意义不止于它和过去的联系，而在于它为将来做了什么！

梁带村的"魂灵"不仅仅在西周，埋藏在地下的那个《尚书》和《诗经》里的世界，桃之夭夭的世界，也在这个不那样完美的当下，这里是中国，这才是金玉华年。

作者单位：上海博物馆

图书在版编目（CIP）数据

　　梁带村里的墓葬：一份公共考古学报告 / 陈燮君，王炜林主编.
—— 北京：北京大学出版社，2012.5
　　ISBN 978-7-301-20602-7

　　Ⅰ.①梁… Ⅱ.①陈… ②王… Ⅲ.①墓葬(考古)–考古报告–中国
Ⅳ.① K878.85

中国版本图书馆 CIP 数据核字 (2012) 第 079088 号

书　　　名：梁带村里的墓葬——一份公共考古学报告
主　　　编：陈燮君　　王炜林
策　　　划：郭青生　　陈曾路（上海博物馆）
　　　　　　孙秉君（陕西省考古研究院）
出 品 人：高秀芹
责 任 编 辑：梁　勇　　路国权
特 约 编 辑：吕维敏
书 籍 设 计：上海豫珂文化传播有限公司
标 准 书 号：ISBN 978-7-301-20602-7/k·0862
出 版 发 行：北京大学出版社
地　　　址：北京市海淀区成府路 205 号　100871
网　　　址：http://www.pup.cn
电 子 邮 箱：pw@pup.pku.edu.cn
电　　　话：邮购部 6275 2015　　发行部 6275 0672
　　　　　　编辑部 6275 0883　　出版部 6275 4962
印 刷 者：上海良虹印务有限公司
经 销 者：新华书店
　　　　　　965 毫米 ×635 毫米　1/8 开本　26.5 印张　322 千字
　　　　　　2012 年 5 月第 1 版　2012 年 5 月第 1 次印刷
定　　　价：89.00 元